哲学与生活

艾思奇⊙著

天津出版传媒集团
天津人民出版社

图书在版编目（CIP）数据

哲学与生活 / 艾思奇著 . -- 天津 : 天津人民出版社 , 2018.6（2021.11重印）
ISBN 978-7-201-13199-3

Ⅰ . ①哲… Ⅱ . ①艾… Ⅲ . ①马克思主义哲学—文集
Ⅳ . ① B0-0

中国版本图书馆 CIP 数据核字 (2018) 第 067974 号

哲学与生活
ZHEXUE YU SHENGHUO

出　　版　天津人民出版社
出 版 人　刘　庆
地　　址　天津市和平区西康路35号康岳大厦
邮政编码　300051
邮购电话　（022）23332469
电子邮箱　reader@tjrmcbs.com

责任编辑　李　荣
装帧设计　同人阁 · 文化传媒

制版印刷　香河县宏润印刷有限公司
经　　销　新华书店
开　　本　710毫米 × 1000毫米　1/16
印　　张　12
字　　数　128千字
版次印次　2018年6月第1版　2021年11月第2次印刷
定　　价　36.00元

目　　录

哲学与生活

附　录

哲学与生活

相对和绝对

——答半呆君

我们现在把半呆君的这一个问题提出来讨论，不单只是因为它有哲学上的兴趣，而且也想从它里面找出实践上的意义。“这是为什么呢？”有人一定要问：“相对和绝对，不是两个抽象的哲学名词吗？相对和绝对，绝对和相对，任你说来说去，怕仍只是在空名词里打弯子，实践的意义在哪里，和中国目前所急切要解决的民族解放问题又有什么关系？”

“慢慢地听我们讲吧！”我们要回答他说：

“我们所用的一切名词（或概念、范畴），原来都是现实事物的反映，世界上有现实的马，才有马的名词，有资本主义制度，才有资本主义的名词，相对和绝对两个名词，也不是和现实事物离开的，甚至于在民族解放的实践运动中都有联系。是怎样离不开和怎样联系的呢？这篇文章下面会慢慢谈到。现在只先总说一句：人们所以会觉得一讨论到这样的问题就是在抽象词句里打圈子，是因为他们上了旧哲学者的当，因为那些学者忘记了名词和事实的关联，常常把事实抛开，单独地玩名词的把戏。如果我们能够把它从抽象的半空中拽下来，使它立足在现实的土地上，那么，就是实践的人们也需要注意他了。

“名词是在人用，用法不同，也就有不同的意义。学究的哲学者是把名词拼拼凑凑，说些‘相对的绝对’‘绝对的相对’‘绝对的绝对’等的呓语。但是我们呢？我们却要处理这些实际问题：战争的不可避免是绝对的么？现阶段的和平运动只有相对的意义么？中国人必须联合抗敌才有出路，这是相对的真理，还是绝对的真理？如果相对真理和绝对真理不能分开，那么两者中间有什么关系？我们要解答这些问题，还要把这些解答应用到更实际的日常生活中去。”

× × × ×

在我们的生活中，常常有绝对主义的鬼魂在作祟，这是我们首先要注意的。思想进步的青年们，谁都相信世界是不断地在变化，社会是不断地在发展，现在社会的不良制度，只在现在的阶段才会存在，将来终有一天要消灭的。但这只是一部分进步的人的思想。我们现在还可以遇到许多另外的人，他们还在相信天命，以为世界上的一切，都是有一个最高的主宰在那里安排好了，永远不能改动的，生活的痛苦，也只能怪命运。这就是绝对主义的一种，因为它把世界看作绝对的主宰所玩的绝对不变的把戏，一切事物都是绝对的，依着绝对的秩序安排在那里。这只是就很大的世界观方面来说，如果我们从一些比较小的事情来说起，就更明白绝对主义是怎样有时会支配着我们。

即使是进步的、觉悟的青年，我们也常常看见这样的毛病：他们常常写信来说："我的环境太恶劣了，这样的环境和我不能相容，我必须离开它，到较好的地方去生活，或者请你们把救国团体的关系介绍给我，让我好到里面去痛痛快快地工作。"这样的见解，也正是无意中被一种绝对主义的思想所支配了。虽然这种见解的主人翁是进步的青年，接受了新思想，懂得世界是变动的，懂得中国人现阶段的任务是救亡抗敌。然而他们没有把自己的进步的思想，无遗憾地应用到个人的生活态度上去，他们对于自己的生活，仍是用固定的、非变动的、绝对的观点去观察，不错，他们的环境实在黑暗，然而他们忘记了黑暗也可以打破，前进青年的努力，可以使环境变动。

他们周围的人是不觉悟的，然而他们忘记了不觉悟的人也会变动，在一定的情形之下，也有走到觉悟的路上去的一天。他们把黑暗固定化了，把不觉悟绝对化了，以为这全没有变好的可能。于是就绝望地叫道："我没有办法了，我的生活环境已经不能容纳我，让我到另外的更光明的天地里去吧！"

我们接到这样的青年们的来信，就不能不回答他们说："你的想法是错了，你以为自己的环境坏，要逃出这黑暗圈，是错误的。逃避不是生活的正当方法。因为在目前的社会里，就根本没有一块完全光明的地方，你逃出了自己的环境，仍然要走进一个新的黑暗圈里，逃避也是无用。但你用不着悲观，因为光明是从黑暗中打出来的，不打破黑暗，不会有光明，所以你应该留在自己的环境里，尽可能的实行你进步者的任务——打破黑暗。你不要把黑暗看得太绝对了！"

由这一个实例里，我们可以知道，绝对主义是要反对的，它使我们不肯从眼前现实里去工作、去奋斗，只梦想着另外的光明地方，或者想逃避现实。绝对主义是和事物的真实情形不符合的，因为事物都会变动，黑暗的社会也会发展成光明，不是绝对的黑暗。光明的东西也是从黑暗中孵化出来的，不是天上掉下来的绝对的光明。

要把握新哲学和新社会科学的真确意义，也要反对这绝对主义，否则口里虽然谈新哲学，实际上仍成了观念论者。这个哲学和社会科学的出现，是要我们在现实的黑暗社会中，用种种的方法去促进将来的社会和目的的实现。有些误解这种科学的人，他们把将来的社会看成一个理想，很性急地想马上就在世界上建立起来，而不知道从实现社会里促进它。虽然他们所悬的理想好像和新哲学新科学一致，但实际上他们是太看重理想，而忘记了现实，所以还是一种观念论（一切的观念论大部分都是绝对主义）。我们常听到所谓“左倾幼稚病”的名词就是这一种绝对主义的作祟，因为它们把新社会科学的理想看得太绝对了（即忘记了它是从旧社会中孵化成的）。

事物不是绝对不变，绝对主义是不可信的。那么。我们是不是可以反过来，相信相对主义，主张一切都只是完全相对的呢?

× × × ×

我们先要说：我们不能不承认事物都有相对性。因为事物都在变动。我们既然承认自己的黑暗的生活环境终有变好的一天，那我们同时也就不能不承认，黑暗只是在今天存在，只要我们看清楚了社会发展的道路，依着这道路奋斗下去，那么，明天或后天总有发现光明的时候。这就是说，黑暗是有相对性的，是和今天的时间相对的，或者是和我们的不努力相对的，我们不努力一天，黑暗势力就可以延长一天。同时光明也是相对性的，社会的发展虽然有光明的前途，但这前途不会突然自已掉下来，而需要我们去促进，也不是凭空地轻易地就可以由我们建立起来，而是需要我们在现实社会中为它奋斗、努力，它的出现和我们的努力是相对的。

但我们这样说，并不是就要相信相对主义。事物的相对性是必须承认的，因为事物是不断地变动，没有绝对的永久的存在。但承认了事物的相对性，并不就是要相信相对主义。相对主义为什么不可信？因为它把事物的相对性太夸大了。它使我们这样想："什么都还不是一样，黑暗也好，光明也好，都是相对的，都没有一定的标准，世界上也没有什么真理，因为真理都是相对的，我说是真，别人也会以为是假。生活也是一样，何必努力奋斗呢？将来的光明，也许只是我心里的空想，何必为它白白吃苦？混得一天算一天，这就是过日子的方法。"

相对主义把相对性太夸大了。夸大到使我们不能相信一切，使我们怀疑一切，相对主义就是一种怀疑主义。人们观察事物，怀疑是要的，但怀疑一切，在生活上思想上没有一点东西可把握，只图目前混日子，那就糟了。

这一种相对主义或怀疑主义是有毒的，但在青年人中间，受这种毒的人比较少，青年人因为热情很高，容易被绝对主义作祟，但很少中相对主义的毒。这种毒多半在老年人的身上作用着，或者染着暮气的青年人，也会有这种倾向。他们大抵是受着打击而经不起打击的人，没有向前斗争的勇气，容易和眼前的恶劣势力妥协。因此，右倾的毛病，一部分也就是来自相对主义的。如果说绝对主义是青年病，那么相对主义就是一种老年病或成人病。（当然我们也不能否认有老当益壮，愈老而愈更有锐气的人，所谓老人病不过是一个比喻罢了。）

× × × ×

相对主义把相对性过分夸大，夸大成一种病态的歪曲思想，这是我们要反对的，在前面已经讲明白了。但我们并不是要完全反对事物的相对性。我们既承认事物的变动性，就不能不承认它的相对性。不过，这种相对性和怀疑一切的相对性不同，这种相对性只指出了事物的变动，却不否认这变动中有一定的规律、法则，有一定的来由和前途，所以，虽然并没有把现在的东西看作绝对永久，但也并没有否认了世界发展的一定秩序和旋律。这就是说，它并不像相对主义那样怀疑一切，不相信任何规律。它虽然承认相对性和变动性，同时也没有忘了变动中的一定的东西，有规律的东西，这也就是说，它在相对性中，仍然看出了一种绝对的东西。绝对的东西包含在相对之中，相对主义就看不到这一点，这就是它和相对主义的不同。

譬如说，中国的民众现在都要求全国一致起来抗敌，这样的事，自然是相对的，因为这是在近几年来才最感迫切的需要。在七八年以前，我们自然也要反对帝国主义的侵略的，但那时还没有把全国的怒火集中到一个东亚帝国主义者的身上。在将来呢？这样的事情也会有消灭的一天，因为中华人民共和国成立的要求，是来源于敌人的加紧的压迫，是和这压迫相对的。如果有一天，帝国主义的敌人失败了，或者因为他们本国的变化，停止了对我们的进攻，我们也自然不会再无缘无故地要把反抗的火焰燃烧在他们身上。抗敌救亡的要求，是会变化的，因此也是有相对性的。

但如果我们把这相对性夸大，说：好了，这样的要求只是暂时的东西，也许明天又不同了，也许后天又再有一个变化。我们即使不必为这样的要求而努力，也没有什么要紧，因为今天的事明天会变得怎样，我们全不知道，何必白费气力呢？——这就成为怀疑主义了。

这样的夸大，当然是很不对。我们虽然承认，全国一致抗敌只是民族解放运动的现阶段的要求，在“现阶段”这一点上有它的相对性，但同时我们又不能不说，**在现阶段上**，**用全国一致抗敌来实行民族解放运动是绝对必要的事**，除了这一条路以外，在现阶段上，**绝对没有第二条路可走**。总之，在发展观点上，每一件事物都是有相对性的，但在发展的每一阶段，必有一定的规律，一定的事物的出现，这又是绝对的。相对的东西，总包含着一定的绝对的东西，绝对的东西，是作为相对的东西的每一个必然阶段而表现出来。这就是两者的关系。

说到相对真理和绝对真理的关系，也是一样。真理是不断地发展的，我们绝不能一次就把握到世界上一切的真理，我们的真理是一步步地深化，每一个时代，我们所能够把握到的真理，都有一定的限度，在这一点上，它是相对的。但同时，我们每一个时代所把握到的真理，都是以一定的程度把握到了事物的真实性，都能把真理推进了一步，这又是绝对不移的。我们今天所知道的真理，一定比昨天所把握到的更深刻、更进步，这一点是不容我们怀疑的。因此，凡是我们所把握到的真理，都是有着相对的基础（因为它不断地发展），而同时又有着绝对的内容的。

谈得太多了，问题也大致已经解释明白，真理的问题，请读者另外去参考别的哲学书，此地不多讲了。

世界观的确立

——答青年平君

世界观的苦闷，在青年学生和知识分子中间是常常有的。在最苦痛的境地里生活的民众，就不会有世界观的苦闷。因为他们的全副力量都要用来为生活挣扎，“要活”就是他们唯一的思想，唯一的世界观。生活地位较好的知识分子或青年学生就不然，他们除生活之外，还有一点儿余暇来研究、思索，他们在书本子上，以及从教师的口里，听得了各种各样的世界观，这些世界观都给他们有相当的印象、影响。于是他们就不能不比较、选择，究竟什么才是正确的世界观呢？他们一定要确定，要把握到一种正确的世界观，才能够坚定地向前去生活、奋斗，否则就苦闷、彷徨，不知道走哪一条路好。

最近有一位青年平君的来信，就诉说这一种苦闷。他的苦闷是对于唯物论和唯生论两种世界观不知选择哪一种好。这是目前一般学校里的学生所常感到的。他们一方面从自己的研究中接受了唯物论，知道了唯物论是目前世界上最进步的思想，然而一方面又在学校一部分教师的口中听来了唯生论，也说唯生论是目前最纯粹的世界观。当他们在两者中间不能作一个决定的时候，他们就彷徨了。平君说："近来唯物论和唯生论在脑中打架，弄得不可开交，痛苦极了——什么事情都不高兴去干！唯物论大家都知道，唯生论据主张的人说就是中山先生思想的哲学基础，说是取唯物论和观念论而成，使我们莫明其妙！先生如能公开地答复我们，彼此才算是尽了本分——民族复兴。对于这样的事情弄不清，恐怕就是立足点不稳的缘故吧？"

这确是立足点没有弄稳的缘故。立足点不容易稳定，是知识分子的坏处，然而，如果他们一旦坚定地把握到正确的世界观时，他们所了解的也会变得更深刻更明白，这是他们的优点。他们应该发挥自己的优点，除去自己的弱点，因此，世界观的确立，在他们是很必要的事。

现在我们就给平君做一个答复，希望他能走上坚定的道路：

先说唯物论吧。唯物论常常被人误解，以为这就等于“唯利是图”主义，以为唯物论者所要的只是吃饭，精神上的安慰，一点也不需要。如果唯物论真是如这样误解的东西，那么，中国目前卖国的汉奸，通通都可以称作唯物论者了。因为他们做汉奸的唯一目的，不外是做官、拿钱，对做走狗的精神痛苦，是满不在乎的。然而这并不是真的唯物论，就是汉奸自己，也不一定肯承认他们是唯物论者。譬如郑孝胥之流，不是还满口讲仁义道德、孔孟王道、精神文明的么？

唯物论（尤其是新唯物论）的主张，并不是要完全抹杀了精神，而只是认为：物质先于精神，物质是精神的基础。譬如说劳苦大众，因为他们的物质生活是等于在死亡线上挣扎，他们的物质生活逼着他们拼命地为生活而挣扎，于是他们精神上、思想上所有着的唯一中心观念，也只是“要活”“要和压迫自己生活的一切势力苦斗”。在北平一带的学生，物质上受民族敌人的压迫太切近了，所以他们精神上的抗敌救亡意识也特别迫切，虽然各地学生也同样知道要抗敌，然而比较起来，情绪的热烈，团结的坚强，行动的不屈不挠，仍是要首推北方。

论到民族复兴或民族解放，唯物论也是把物质的复兴或解放放在第一位。譬如要我们的广大民众讲清洁卫生讲节俭的美德，首先就要有清洁和节俭的物质条件存在才行。穷到四季只有一套衣服，连换洗的也找不到，那哪里还可以谈清洁？穷到连肚子也吃不饱，活命还恐怕来不及，那哪里还用得谈节俭？民族复兴必须在文化上，也就是精神上有复兴的表现，这是当然的，然而必须先使民众在物质生活上有了复兴的希望，至少要在物质基础上有保障，然后才说得上精神上的复兴。抗敌救亡，收复失地的要求，正是为要获得物质的保障，不然，物质上已被敌人奴役了，精神上还有自由吗？

唯物论不是要抹杀精神，不过是要把物质当作第一位，精神当作第二位。但也并不是轻视精神的作用，精神对于物质的反作用，唯物论也是非常重视的。民众在精神上或思想上对于救亡抗敌的觉悟愈坚决、愈广泛，那么物质上的实际的救亡运动就会愈坚强、愈宏大。不过，精神上的觉悟，是必须以物质的要求为基础的。当民众的生活已经在敌人的威胁之下的时候，如果还有人想要讲精神文明和忍让的王道，那就不会被民众所接受，这样，精神的要求不能不以物质的要求为根据，而唯物论的真理也就在这里了。

这样说时，对于唯生论的问题也就容易解决了，当生活受到威胁的时候，人们自然要努力求得生存，当民族的生存受到敌人的危害时，民族就要以抗敌救亡的手段来争取民族的生存。如果是站在这样的观点上来看，那么唯生论也未尝没有一部分的真理，甚至也有一部分近于唯物论的真理。因为生的要求，正是一种生物或一个民族的物质要求。如果唯生论能把它的这一方面发展出来，使它成为一种抗敌救亡的理论基础，那对于今日的民族救亡运动，就有很大的利益。

但我们要注意的是，不论民族的生存或个人的生存，也首先要以物质的生存为基础。生活没有保障，就要叫民众讲精神道德，是做不到的。讲精神文明的人常推崇孔孟的道德，然而孔孟说出来的话，有时也会使精神文明家失望。譬如孟子说："无恒产而有恒心者，唯士为能。"没有恒产（物质保障）而要想有恒心，不是一般民众做得到的，只有士（做官阶级）才可能做到，因为称为士的人，即使没有恒产，也可以摇唇鼓舌，以干政治活动来维持生活。在这些地方，可以看出物质的力量，就是大体上主张观念论的孟子也无意中不能不说出唯物论的真理来了。

唯生论如果要贯彻它的真理性，就不能不把物质放在第一位，把精神放在第二位，如果抛开民众物质生活和民族物质生存的保障（如国土的保障），空谈精神生活、礼义廉耻、清洁卫生，那就会看重了精神，骨子里走进了观念论的圈子里。如果又要谈物质的建设，又要谈精神的道德，两者没有正确的关联，不依着物质生活条件的要求来谈精神文化，这就是使物质和精神平行而不相关联，那就是等于物心并重二元论。如果能把“生”的基础放在物质基础上，那就是和唯物论有了共通点。目前的唯生论，实在有着这三种倾向、三种前途。为民族的生存计，为民众的生活计，为真理的胜利计，我们是希望它加强最后的一种倾向，而走向最后的一种前途的，因为前两方面是它的缺点，最后一方面才是它的优点。

这样，平君的头脑里打架的问题，是不难解决的。在目前，我们确定自己的世界观，是要以民族的物质利益为前提，因为我们最受威胁的就是民族的物质生存。对于任何一派的哲学，我们所抱的态度并不是要绝对打倒或绝对拥护，而是要采取它的有用的一面，而是要发展它对民族物质生存有利的一面，清除它的有毒的一面。对我们自己，能够确立唯物的世界观是正确的，因为这样我们才可以彻底地来拥护民族的物质利益，然而对于别人，我们不必勉强他一定来相信唯物论，只要找出他们的好的一面，督促它，提携它。譬如有人说：“我们唯一的需要是生活，是生存”，那我们就可以回答他说：“是的，但我们尤其要先确立物质的生存，和物质的生活！”这样，我们是不但确立着自己的世界观，而且是在实践上把它活用了。

关于"形式逻辑与辩证逻辑"

——答张友仁、瞿鸣皋君等

一

思奇先生：我是《读书生活》的长期读者，对于先生的哲学讲话，尤其爱读。哲学讲话编成单行本出版后，我又买了一本来再读过一遍。我能够懂一点儿哲学知识不能不感谢先生，因为平素我对于别的哲学书，总是会感到头痛的。自然，我读了哲学讲话以后，并不会就感到充分的满足，正如《读书与出版》的倩之先生所说，这本书的分量很少，又要用通俗的笔调反复详明地解说一切复杂的哲学问题，自然是不容易透彻发挥的。好在这本书已把基础知识给予了我，我可以从此作进一步的研究了。

前两天听朋友说，《研究与批判》第二卷二期上有好几篇文章，对于《哲学讲话》攻击得很厉害。我平素是不看《研究与批判》的，听见了这消息，我就去买了一本来看，因为《哲学讲话》出版以来，我从各方面所听到的大抵都是同情的声音，有时也见过一点批评，那也是善意的指摘，对于全书的意义都是抱着同情态度的，现在却有人来加以攻击，不是值得注意的事吗?

我把《研究与批判》买来一看，才知道它的编者就是叶青，我才恍然明白为什么他们要攻击《哲学讲话》了，因为《读书生活》曾屡次地批判过叶青的错误啊。

但我终于开始读他们的文章了。攻击《哲学讲话》的文章，在那一本书里竟有三篇，差不多占去了五分之一的篇幅。他们对于大众所爱读的这部《哲学讲话》，竟是用这样大的火力来进攻，好像一定要把它形容成毫无意义和价值的东西才肯甘心似的。这引起了我一种奇怪的感觉，仿佛闻见了墨索里尼的毒瓦斯的气味一样，我总觉得似乎有点什么恶毒的用意在里面似的。

三篇文章里，态度最坏的是《读哲学讲话以后》一篇，东挑一句，西剔一段，说是艾思奇不懂这样，不懂那样。其余两篇，还比较带一点学术的态度，我不知道先生看见了没有。我觉得先生应该细细地把它看一看，给它一个很好的反攻。

依我的意思，我们应该特别注意叶青的《形式逻辑与辩证逻辑》那一篇。因为这一个问题，是唯物论里的最根本的一个问题。解决了这一个问题时，另外一篇文章里所提出的“内因论与外因论”的问题也就容易解决了。

我自己曾努力地思考了一下，发现叶青在这问题上有几点错误，特为写在下面，请先生来一个详细的指教。

第一，叶青口口声声说他自己没有把形式逻辑和辩证逻辑同等看待，也承认“后者吸收前者，代替前者”。也就是说后者把前者扬弃了、否定了，然而他所理解的扬弃和否定是什么呢？他说扬弃不是简单的抛弃，否定不是简单的否定。这一点似乎是对的，因为扬弃是一方面把消极的东西抛弃了、否定了，一方面又得把积极的东西加以批判和改作，而保留下来，这当然不是简单的抛弃。然而我们要注意的是，叶青说出这句话来，并不表示他有这种正确的理解。他是要把我们引到另一个极端：他把扬弃里的保留，当作了简单的保留，当作无批判的保留。他以为辩证法的扬弃形式论理学，不过是划定一个小范围把它简单地保留起来，并不是批判地包摄在自己的内部。

他说："从前以形式逻辑支配一切研究领域，现在则把它局限在相对的静态中。"这样，我们否定形式逻辑，只能在它的应用范围上否定，而不能否定它的质了。这不是简单的保留是什么？这不是在本质上承认形式逻辑和辩证法有同等意义了吗？

第二，叶青虽然在口头上承认运动是绝对的，静止是相对的，好像已经没有把静止和运动同等看待了，然而这只是口头上的，实际上他已经把两者同等看待了。他说："运动是静止的积累，静止是运动的停留，两者相生相成，互为规定。"这就是叶青对于运动和静止的关系的理解：运动不过是静止的积累！世界上的运动也会停留，两者是互为规定的！据我所知，静止只是运动的特殊形态，绝不是运动的停留，运动也绝不是静止的积累，如果简单地只是静止的积累，那才是根本"不成其为运动"，根本把运动解消在静止里了。他说"运动在其时间的经过中不能没有空间的停留"，这表明他根本不懂得用辩证法来理解运动。运动的东西，在空间的任何一点上，都是同时停留而同时又不停留的，这是运动的矛盾的统一，没有这矛盾的统一，单只有停留，是怎样积累也不会成为运动的。叶青在这里明明忘记了用矛盾统一律来理解运动，这可以看出他的真面目是什么。

第三，他说："认识中国经济，显然是静态的研究。因而问题的提出，无疑是站在形式逻辑的观点上的……"这一点，他明明是对形式论理学让步，好像中国的经济性质问题，定可以用形式逻辑来解决了，这是不会有的事吧。但叶青也说出了很多的理由，粗心的读者总不容易看出他的错误，请你也详细批评一下……

——张友仁君来信

二

关于《哲学讲话》的批评，有很多读者来信问到。因为批评是从各方面来的，意见也各式各样，也有同情的，也有不同情的，也有善意的指摘，也有恶意的攻讦。我想另外做一篇文章，做一个总的答复，顺便也来一个自我批评，作为该书第四版的自序。在这里，单单对于张、瞿两君所要求解答的形式逻辑与辩证逻辑的问题来讨论一下。这一方面是因为，正如张君所说，这问题是最根本的问题，另一方面也因为叶青在这问题上是用专文来和我论难，所以我也用专文回答他。

我们也同样从形式逻辑和辩证逻辑的根本定律说起。在形式逻辑的三个定律（同一律、矛盾律和拒中律）里最根本的是同一律，其余两个可以说是从同一律引申出来的，所以，为要节省篇幅，我们不妨单举出同一律来说。它的公式是，A是A。

意思就是说："一件东西是和它的本身同一的。"

辩证法的公式，据叶青说是"在A是A之外，同时又主张A不是A"。我们可以说简单点儿，即：A是A，同时又不是A。这是和形式逻辑的同一律相反的，它的意思就是说："一件东西是同时和它本身同一，而同时又不同一。"

就在这两个公式里，我们已经可以看出形式逻辑和辩证法的关系来了。即在辩证法，是要同时看出一件东西本身里的同一和不同一。而在形式逻辑，却只看见了"同一"这一面。辩证法不仅只看见这一面，因此它能够把形式逻辑包摄、"吸收"、扬弃；形式逻辑所看不到的，辩证法能够看到，形式逻辑已看见的东西，辩证法不但看见，而且加以改造、加以深化。

以上所说的一切，似乎和叶青并没有什么不同，似乎也是叶青说过的。但是，让我们更具体地来研究一下，就可以知道口口声声说别人"根本不懂辩证法"的叶青，他自己究竟懂得多少？

首先，我们要注意辩证法是怎样"吸收"形式逻辑。辩证法吸收形式逻辑，是要经过消化，经过改作，溶化成自己的血肉的，不是简单地把它请进自己的房子里来，划给它一个地盘，就以为这是把它高扬了。曲解辩证法的人，常常把"A是A，同时又不是A"机械地拆散成两个形式逻辑的命题，以为只要一方面承认A是A，另一方面又承认A不是A，就算是辩证法了，他们不知道，这两个命题的关系，并不是“一方面”和“另一方面”，而是“同时”，是互相渗透，两个命题是整个的统一，不是机械的结合，所以也不能那样机械地拆散。然而他们把它拆散了，结果就把辩证法理解成折衷主义，在表面上，他们也会拨弄辩证法的言辞，承认要“以辩证法为向导来行理论的思维”，而在实质上，他们的辩证法，只是许多形式逻辑命题的折衷的结合。表面上好像是运用辩证法来扬弃形式逻辑，实质上却把辩证法解消在形式逻辑里。

辩证法的扬弃形式逻辑，固然不是单单的抛弃，它是同时把形式逻辑里的积极的东西吸收了的。但这吸收正如张君所说，也并不是单单的保留。而折衷主义却全把我们引到这一个极端。它说：形式逻辑在辩证法里仍有着地盘的，不过范围缩小了一点儿，在全体上看，是辩证法领导着，“统摄”着，而就一部分看来，仍十足地支配着形式论理学。叶青的辩证法，就是这种折衷主义的曲解的一例。

例如就归纳法和演绎法来说，叶青也承认这两种方法是建立在形式论理学上，并且要给辩证法扬弃了的。“辩证法统摄了演绎法和归纳法”，他说，然而他所谓的统摄，是怎样统摄的呢？“我们也可以在应用中范畴地看待演绎法、归纳法、辩证法，而为它研究过程中之适当的场合。”这意思自然是说，整个的研究虽然是辩证法的，然而在过程中的各个场合，有时就要用归纳法，有时就要用演绎法，这些方法结合起来，就成为整个的辩证法研究过程。

我们知道，归纳法是要从许多复杂的个别事物中找出它们一般的单纯的共通点，它采取的路径是分析。演绎法是用一般的原理来说明特殊的事物，它的路径和归纳法相反，是综合。归纳法是从特殊到一般，从具体到抽象，演绎法却相反，是从一般到特殊，从抽象到具体。如果照叶青所说：我们“用辩证法于研究，斯演绎法和归纳法就在其中”，而归纳法和演绎法在辩证法的整个研究过程里又是各有适当的场合的，那么，整个的辩证法，就不过是这里一个演绎法，加上那里一个归纳法，这样机械地折衷地结合起来的罢了。

叶青也许会说，就是用辩证法研究事物，也仍是要从许多具体的个别事物开始，走向一般法则的发见，再从一般法则，应用到个别的具体事物上去。在前一段过程，就是归纳法适当的场合，后一段过程则是属于演绎法。其实这是错误的。在辩证法里，从个别到一般的这段过程上，虽然也用到普通归纳法里的观察、比较、分析等方法，然而只是作为一个要素应用它。除非不要辩证法，不然，就在这从个别到一般的上升阶段里，也得要贯彻着辩证法的方法，而不能把归纳法囫囵不化地摆在这里。归纳法在这里只走着分析的路径，只从复杂多样的事物里抽出简单的一面的规定。辩证法在这里却不单只分析，同时也在综合，不单抽出简单的一面的规定，并且要找出全面的矛盾统一的规定。再就从一般到个别的研究过程来说，依照叶青的话，那么，这过程应该是属于演绎法的适当的场合，只走着综合的路径，只把一般的法则应用到个别的事物上，综合到个别事物上就行了。其实在这里也得要贯彻辩证法，辩证法在这里不单只是应用法则，不单只要综合，在应用和综合的同时，还要就那个别事物所具有的具体条件加以分析，发现出新的特殊的矛盾动向。这样，不论从个别到一般，或从一般到个别，我们的方法根本都是辩证法的。归纳法和演绎法只各自作为研究过程中的要素而被应用，它不能离开另一要素而独立存在，它虽然并不是简单地被抛弃，但也不是简单地被保留，而是被吸收、被消化、被改作，因为辩证法本身是整个的辩证法，而并不是归纳法和演绎法拼凑成的。

叶青的这种辩证法的曲解在他解释动态和静态的关系上，也可以看出。他虽然在口头上承认运动的绝对性和静止的相对性，而在实质上他已经把运动和静止同等看待：“两者相生相成，互为规定。”他全然不懂得绝对是什么意义，相对又是什么意义。正如张君所说，静止只是运动的特殊形态，静止的东西，本质上仍是运动的。譬如事物在量变的过程中，它的性质不变，这时，在性质方面，我们可以说它是相对静止的，然而在量的方面，它始终是在运动。石头在表面上不变不动，然而他的内部仍不断地进行着量变（虽然很缓慢）的过程。封建社会的变化常常很迟滞，但你不能说它没有变化。因为相对的静态根本上仍是动态的一种表现，所以对于相对的静态，我们也仍然要用辩证法去研究，才能够看得很深刻。我们并不是说用形式逻辑研究会全无所得，但形式逻辑只能看见静止的一面，并且会夸大了这一面，而忘记了根本的动态。既然有了辩证法，能够为我们抓着全面（形式逻辑的一面也包摄在内），那我们就不必仍然要用形式论理学来把握它了。像叶青那样，以为相对的静态可以单靠着形式逻辑来完全把握着，以为在这里还应该永远保留形式逻辑的地盘，这不是一个极其庸俗的曲解吗？

我并没有说过扬弃就是简单的抛弃，我对于这问题并没有写过一个“是”字，而叶青却用这一个字来向我栽诬。我不过是说，辩证法吸收形式论理学，并不是简单的保留，而要加以改作、消化，经过改作和消化而吸收以后，它已成了最高的方法，自然就不能再另外给形式逻辑辟独占的地盘了。如果再给它辟了独立的地盘，不论你口上怎样说，不论你怎样声明自己并没有把形式逻辑和辩证法同等看待，但两下的地盘既是不能互相侵犯的，这在实际上已经是对等的关系，已经是同等看待了，言词是不能长久掩饰铁的事实啊。你说人是浅尝者和曲解者，且先问你对于别人的话深尝了没有，且先问你对于辩证法和折衷主义的分别懂得了没有？

这折衷主义的曲解，在他论到中国经济性质研究的问题时，更是一个很好的暴露。他以为“认识中国经济的性质，显然是静态的研究。因而问题的提出，无疑是站在形式论理学上的”。叶青的意思，是认为中国社会发展的研究，才是动态的研究，才是辩证法的问题。而“形态、性质、关系等”的研究，却是静态的研究。这是多么明显的折衷！其实，性质、关系等的问题，是发展的问题的起点，没有这起点，也就没有发展，叶青自己也说：“要把经济认识了，才知道中国这个社会在什么进化阶段，需要什么革命。”对于这起点，我们虽然不能把它看作发展的本身，但如果是忠于辩证法的话，我们至少要在里面看出发展的原动力，看出种种具体的矛盾。这也就不是形式逻辑能够把握得到的了。自然，如果你一定要站在形式逻辑上来提起这问题，那当然随你的便，不过这样一来，你就只能看见一面，或者成为公式主义。这就是说，你得要用演绎法，先抱定了一个一般的公式，然后看中国经济是什么性质，然后依着这公式去决定中国的需要，譬如说，封建社会需要资本主义革命，这是一般的公式，你的研究答复说中国的经济是封建经济，于是你就说中国是要资本主义的革命，建立资本主义社会。这样的演绎，在形式逻辑上自然是很通的，然而中国社会的具体条件，是不是能够依从这公式呢？这你的演绎就管不到了，然而中国社会并不能完全依从你的公式的推演，中国虽然是封建社会，然而它的具体条件并不允许它依然走上西欧式的资本主义革命，也不容许建立起资本主义社会。这一切，都不是形式逻辑的推演法可以看出的，而必得要辩证法来研究才行。忠于辩证法的人，在中国经济的认识上也得要贯彻辩证法，不能在这里又替它划一块地盘，给空洞的公式主义有插足的余地。（叶青所推崇的普列哈诺夫，也正是因为这样而犯了公式主义的错误。）

我根本不认识严灵峰，也没有看过他的东西，但如果他认为中国经济性质的问题仅仅能在形式逻辑上提出，那我根本反对他。这问题其实也可以站在辩证法上来提出，只要你忠于辩证法。叶青还在那里批评严灵峰，其实在否定中国经济问题可以用辩证法提出这一点上，他是和严灵峰一致的，他受了严灵峰的影响还不自知，严灵峰这位“中国老师”，实际上是给他自己保留着了！

此外还有零碎的几点要说的：

第一，他说运动是静止的积累，静止是运动的停留，这正如张君所说，不但是把静止和运动折衷地结合，甚至于是把运动解消在静止里？这种理论，两千年前希腊的诡辩论者早已发过了。他们把运动看作空间中的无数停留点的总和，于是就结论说只有无数停留点，而没有运动，折衷诡辩论，不料竟在“20世纪”的叶青嘴里还魂，真令人要“叹观止”了！

第二，“青年是店员”这个命题，在形式逻辑里也常常有，而且非有不可，如果严格地依照同一律，只能说“青年是青年”时，那形式论理学也就根本建立不起来了。我说“青年是店员”里有矛盾，是要指出形式逻辑本身也不能严守同一律。形式论理学者运用这命题时，当然没有想到里面有着矛盾，因此这命题当然不是矛盾统一律的应用，但我们仍不能否认这一类的命题在本质上已包含着矛盾的统一。伊里奇在《哲学笔记》里也说：“就是一个简单的判断，也是矛盾的统一，例如‘伊万是人’这一个命题里就有着‘特殊等于一般’的意味。”这一点，不知道叶青“懂得”否？

第三，差别的东西，当然不是矛盾，所以笔、墨、椅子之类不是矛盾，但如果是真“懂得”辩证法，“懂得”推移和变化的原理的话，就应该知道差别的东西在一定的条件下也可以转化为矛盾，倘若这两件差别的东西是同时同地在一起而且发生互相斥的作用的话。譬如店员和作家，这是差别的风马牛不相及的两件东西，但如果一个身为店员的，对于写作很有兴趣，不满于店员的现状生活而努力想成为作家时，这时作家和店员两个东西就在统一体里互相排斥了。你能说这不是矛盾吗？你能说这样一个店员不是感到了生活的矛盾吗？如果你一定死咬着善与恶、男与女等才算矛盾，其他就不能转化为矛盾，这种形式主义的划分法，和张东荪的划分“相反、矛盾、对待”等的举动有什么分别？这会是“懂得”辩证法的人的思想吗？

第四，“青年是店员”在形式论理学里只适合于排中律的公式“A是A”，这谁不懂。但我的着眼点，是在指出：就是形式逻辑的命题，在根本上也可以找出辩证法的作用，也可以“在动的逻辑的管辖之下”。并不是要给排中律和矛盾统一律分类。“A是B或非B”的公式，其实已包含着这样矛盾：“A不是A而是B”或“B可以是B也可以是非B”，就是黑格尔也早已这样批判过的。但在叶青也许不容易懂。因为他始终只知道用形式逻辑的头脑作死板的分类，而不知道推移和转化啊。

最后，关于外因论和内因论的问题，我得要略说几句，叶青口口声声说艾思奇“排斥外因”“否定外因”，这完全是瞎说栽诬。我自己已经指出来过：“谈到事物的必然性，若忽视了外因，是不对的”，这是他也举出来了的。我的意思只是：外因虽不可忽视，却不能决定事物的必然性，决定必然性的是内因。在这一点把两者分一个高下。叶青说辩证法必须承认交互作用，所以内因与外因必须有交互作用。然而你可知道说到交互作用，也有机械的交互作用和辩证的交互作用的分别，机械的交互作用是对等的，两方没有高下的，这种交互作用只能形成叶青式的折衷主义，但在辩证法的交互作用里，两方面却有第一义和第二义的分别。在内因和外因的交互作用里，辩证法是要强调内因的第一义的决定的作用。所谓“内部作用的原因才算做必然的原因”，就是在这种意味上说的。叶青向我发出了几个问题：“机械需要外部的动力，是不是事实，水遇外部的热，则化为汽，是不是事实，生物的进化由于环境，是不是事实？”我当然答复“是”，当不会简单地加以否定。然而承认了这些事实，并不就等于承认外因能决定必然性。若你问：“动力使机械运动，是不是必然的？热使水化为汽，是不是必然的？”我当然也可以说是，然而如果你再问：“那么这种‘必然’的决定者’不正是动力、热等吗？”那我却可以答一声“否”！为什么可以说“否”？因为，就是叶青自己也不能不承认：“外因必须依靠内因才能成其为外因，若是机械没有能动性，动力就不能成为机械的动力，水没有汽化的性质，热就成为水的热，也不能有汽出的。”

关于内因论与外因论

——答韦尚白君

一

思奇先生：读完了四卷二期读书问答里的“关于形式逻辑与辩证逻辑”，使我恍然了悟到很多东西。从这一篇问答里，我才开始明白叶青对于辩证法的理解原来是一种折衷主义的曲解，我才开始明白为什么你和其他许多研究哲学的人们要反驳这一个“新物质论者”，同时我也才明白同是标榜新哲学的人们中，原来也有冒牌货的发卖者，处在购买者地位的我们读者，真不能不小心啊。

这一篇问答使我非常高兴，同时也使我觉得不满足。不是吗？叶青们的刊物上写了三篇文章攻击你们，而你们只写了这么一篇问答去驳他。我们是在等着你们对于他们所提出的每一问题都有一个详尽的批判，而你们只批判了形式逻辑和辩证法这一个问题，固然，这一问题是哲学上最根本的问题，是不能放松的，但“内因论与外因论”的问题难道不是重要的问题？你们就可以轻描淡写地说几句就算了吗？要知道，你们没有一个很好的解说时，我们的疑团就始终不能打破，虽然由一篇文章类推起来，也可以想象到其余，然而单单的想象，而没有详细知道，那是不够的。

我现在要求你们再把“外因论和内因论”的问题详细解说一下。对于这一问题，你们在四卷二期上完全没有给叶青一点儿批评，只指出了他对你们诬蔑的一点，替自己辩护了一下就完事。不错，你们也并没有抛弃了外因而单单主张内因，只不过是把内因当作最根本的东西，决定必然性的东西。叶青却说你们是只看见内因而抛弃了外因，这种诬蔑的批评法，单单就他自己的文章看来，自然觉得好像很能“自圆其说”，而其实却是不顾真理的糊涂批评。

但单单指出他们诬蔑，是不够的，这只是说明了他的批评态度不对，还没有指出他的理论的错误。究竟叶青在“内因论和外因论”这一个问题上，是否也如在“形式逻辑与辩证法”的问题上一样地陷入了折衷主义的错误呢？抑或是还有其他的错误呢？这一点在你们没有加以指摘的时候，我们是看不出来的。那么，你们就能够这样放下去不管了么？

不，你们不指出来，我们不但看不出，并且觉得他好像就没有错误。试举一个例子吧。他在“外因论与内因论”那文章里，自己问道：“在外因论与内因论的统一中，孰为本质？”同时他就答道“这，我觉得是内因论。事物本身没有内在矛盾，外因无如之何。而且互交作用的杂多，来自一元。所以一元的内在矛盾是发展的原因，外因乃是助力。因此外因论与内因论的统一，乃是以内因论吸收外因论。”从这一段话看来，叶青的意见和你的有什么分别呢？你说：“谈到事物的必然性，若忽视了一切外来原因的影响，是不对的，但事物的内部的原因才算作必然的原因。外部的原因虽然对于这事物常有重要的影响，但始终不能决定这事物的必然性。”叶青所说的“一元的内在矛盾是发展的原因”。和你们所谓“决定必然性的”是内因，两者中间不是全无分别吗？如果你的意思不是受到他的诬蔑而赤裸裸地呈现出来的话，不是和他的意思一样的吗？如果你的意见不错的话，那他的见解又有什么错误呢？

我还要告诉你一件事，在《研究与批判》第一卷第八期里，叶青还有一篇《反读经论中的问题》，也是谈到了内因和外因的问题的。这篇文章是针对着《读书问答》《读经吗读外国书吗》而来。这事好像你还没有注意到。你的《知识的应用》出版后，我才知道这一篇问答也是你写的。那么，这一篇文章我想你也应该看一看，把它合起来做一个总的答复。不知道你以为怎样，我希望你不要随便放过。

——韦尚白上

二

关于内因论和外因论的问题，我们并没有放过的意思。在本刊四卷二期发表《关于形式逻辑和辩证逻辑》的时候，本来就想再做一篇内因论和外因论的文章同时发表。但因为事务繁忙，并且还有别的更重要的文章等待着我们做，所以就暂时放下。这一放下倒也好，因为这使得我们有了接到韦君的来信的机会，使我们从韦君的信里，知道《研究与批判》上还有另一篇文章，可以做我们更好的批判资料。

那一篇文章（指韦君所举的《反读经论中的问题》）确实很可以注意。在那里叶青把他自己的主张暴露得很明白，并且也讲得好像很有理由，理论修养不够的读者，是很容易受骗的。第一，他在那文章里，坚持着他的外烁论，即认为中国的历史发展是全然由于外来的原因。他也承认："一切事物的发展都是合规律的"，"都是由事物的本身内部的原因或内部的矛盾促成的"，他也承认这是一个"最高原则"而且说"最高原则是一般的"。然而转一个弯，他又用"一般之中有特殊"的理由，就主张在"某些国家"的发展问题上可以抛弃了这最高原则，于是乎他已经承认了的"一般的""最高原则"，也就只能适用到欧美先进国家（也就是几个特殊的国家）上去，而不能适用到中国来了。其次，他坚持着说中国的发展是"不合规律"的，"欧洲史是合规律的……中国则不然……""外烁论"和"不合规律论"，是叶青对中国历史问题的主张。至于他的理由，当然很冠冕堂皇。他引用了1848年《共产党宣言》上的话，证明他的"外烁论"和"不合规律论"是现代社会科学的创始者也赞同的，那宣言上的一段话是：

"（欧洲）市民以生产工具和交通方法的迅速发展，直到把野蛮的民族牵引进文明的过程之中。他的廉价生产品就是洞穿中国一切城垣而使最顽强地敌视外国人的蛮子投降的大炮。他用死底惩罚强迫各民族采用市民的生产方式；他强迫他们输入所谓文明于他们的国里，这就是说变成市民。一句话，他照他的模样铸造世界。……"

这一段话，自然是好像很赞同他的"外烁论"的。并且他口口声声讲要尊重事实，“物质论告诉我们的是尊重客观事实”，“如果事实上外因重于内因，则以研究外因为主”。这又证明他的中国历史的“外烁论”和“不合规律论”，是注重客观事实的结果。

这样一来，叶青的理论不是很对的吗？

三

不，不对！虽然他的立论是多么巧妙，但我们只要小心地去寻找，就可以找出他的错误的地方。

在这一个问题上，他还是贯彻着他那折衷主义的方法论。我们在四卷二期上已经指出，他在表面上虽然标榜着辩证法，而认为辩证法已吸收了形式逻辑，但他所谓的吸收，只是简单的保存，所以事实上是把两者同等看待。在外因论和内因论的问题上也是一样。辩证法是把内因看作一切事物发展的根本动力的。辩证法对于外因虽然并不忽视，但认为内因是基础，是本质，是发展的必然性的决定的原因。如果他至少要在表面上标榜辩证法的话，他就不能不承认这一点。所以，正如韦君所举的一样，叶青也不能不说内因是“本质的”“事物本身没有内在矛盾，外因无如之何……外因乃是助力。”然而，我们要知道，他的这种承认，始终只是一个标榜，就像在形式逻辑的辩证法的问题里，他在承认辩证法之后，转一个弯又说辩证法不能适用在静态研究上一样，在这一个问题，他也只承认了内因论的本质性的一个幌子，转一个弯又说在某些国家的发展里不能用内因说明。

我们要知道，如果我们是忠于辩证法，如果我们承认辩证法之最高的一般原则，如果我们不是用折衷主义来曲解辩证法的话，那我们不论在动态或静态（相对的）的研究里，都要贯彻辩证法，不能在“某些场合”又抛弃了辩证法。因为辩证法是一般的法则，不是特殊的，只适用在所谓的“动态”里的东西。固然，辩证法是吸收和扬弃了形式逻辑的结果，然而是消化了的吸收，是作为材料而吸收，不是整个的保留下来。叶青就是把吸收理解作单纯的保留，结果自然要产生他的折衷主义。这请读者看四卷二期，此处不多说了。在内因论和外因论上也是一样，如果我们已承认内因是本质的，“没有内在的矛盾，外因无如之何”，如果我们承认了这是一般的最高原则的话，我们就不能说在某些特殊场合又以外因为本质。固然，“一般之中有特殊”，但这里要注意的是“之中”，而不是“之外”。这就是说，一般的东西，常常要以特殊的形式表现出来，世界上绝没有单纯的作为一般的存在物。因此，所谓“一般之中有特殊”，是指用特殊的形态表现出来的一般的东西，而不是指那独立在一般之外的特殊。一般和特殊也是一个辩证法的统一，没有单纯的一般，同时也没有在一般之外的单纯的特殊物。辩证法不是诡辩论，诡辩论才会在承认一般的东西之后，转一个弯又用特殊的东西来把它否定了。辩证法是要把握两者间的统一。叶青由于这样的一种诡辩的手腕，在中国的问题上否定了内因的一般的本质性，这样来成就他的折衷主义，这样来辩护他的“中国老师”（叶青用过的话）任曙、严灵峰们的外烁论。

四

但是，叶青不是说过，唯物论要尊重事实吗？他的意见不是根据着中国的近一百几十年来的事实的吗？鸦片战争以后中国历史的事实不是表示帝国主义的外力对于中国有莫大的力量吗？在这里不是“外因重于内因”吗？并且他的话不是还有上面所举的《共产党宣言》的话做证据的吗？

在这里，我们要指出，尊重事实，固然是唯物论的一个条件，但辩证法唯物论的要求，并不仅仅是尊重事实就满足的。因为机械唯物论者或经验论者也要尊重事实，实用主义者的胡适也主张要尊重事实。辩证法唯物论如果仅仅是尊重事实，那它和这些庸俗的理论有什么不同？辩证法唯物论的特点不在于尊重事实，而在于能抓着事实的核心，能把握事实发展的内在规律性。辩证法要尊重的是事实的本质，而不是事实的表面。尊重表面事实的，是认识的初步阶段，是科学的初期阶段，十七八世纪的机械唯物论和机械的科学思想，就是这样的。我们不否认表面的事实也可以给我们一些认识，十七八世纪的机械力学曾提供了许多真理，就是胡适的实用主义，（只要他能贯彻他的主义）也比一般专门以粉饰太平的空论家更能多看到一些东西，也还能够相当地暴露敌人的侵略和绝对不抵抗的错误。然而单单这些，是不够的。单单看见敌人的侵略而看不见侵略的本质，单单看见不抵抗的错误，而看不见民众抵抗的前途，这种匍行的只看见眼前事实的“尊重”，是与唯物辩证法全然不同的。是的，机械的运动，只由于外力，这是事实，然而这只是表面的事实，在本质上，外力之所以能使那机械运动，还是因为机械本身有运动的可能性。用手把小石头推动，是由于小石头可以动的缘故，如果去推墙，就不行了。这是我们的文章屡次说过，甚至于连叶青自己也不能不承认的。叶青所谓的机械论时代的科学，只注意外力的研究，那是因为当时科学还在初步阶段，不能渗透到运动的本质去的时候。科学进到了高级的阶段，像现在相对论的出现，使得我们就是对机械的运动也必得要用内因来说明了。譬如天体的运动，在牛顿时代的外力（即用“引力”）说明，而相对论却用运动本身的性质来说明，叶青要注重“外力”这一种片面的事实，那只有叫力学停止在牛顿的阶段才行！

怎样抓住事实的核心？那在辩证法上就是：一方面要研究事实，同时也要依着理论的指导。无论在什么事实上，我们都不能抛开理论的最高原则。我们要看出理论的一般法则在事实里是怎样有它的特殊的表现。我们不能跟着叶青的理论，只执着事实的一面，就把理论的原则忘记了。中国近代历史的发展，外力有很大的作用，这是不能否认的事实，然而不能就因此说：中国的发展全然没有内在的规律性，因为外力是事实的一面，在这外力的影响之下所进行着的内部的发展，也不能说不是事实的一面，叶青只看见了一面，立刻就诡辩地抛弃了另一面，这做一个庸俗的“物质论者”倒可以，要说这是真正彻底的（即辩证法的）唯物论，那却离得很远！

我们再说《共产党宣言》上的话。这里我们要指出，对于过去的文献，我们应该抓住它的真义，不能断章摘句地依着自己的意思来曲解。卡尔的话，是就整个世界资本主义的发展而言的，他的意思，是指资本主义的发展，将冲破一切的国界，而把全世界一切国家形成一个整个的体系。这是资本主义的发展一般动向。这动向虽然在一切国家都不能例外，但各个国家究竟怎样具体地合流到这一般的动向里去呢？那实在要依着各国的自身内部矛盾而有着不同的特殊表现的。这一点，卡尔的《共产党宣言》不曾提到，因为《共产党宣言》的任务本来只能论到一般的倾向。为什么资本主义到美洲，就把印第安人灭种？为什么到了日本，却使日本也形成了一个资本主义国家！为什么到了中国，又只能把中国造成半殖民地半封建社会！这一切问题，不是单单的“照他的模型铸造世界”这句话可以完全解释清楚的。我们要说明这些问题，要说明中国历史发展的问题，就得以中国社会内部的矛盾作基础，研究这些外力是怎样通过这些内部矛盾而发生影响，研究中国在这些外力的影响刺激之下是怎样发生自己的矛盾和运动。在这里，外力的“事实”虽然要“注重”，然而同时却不可轻视内因，不，仍然是要以内因作基础，仍然是要贯彻辩证法上的以内因为基础的内外统一论，仍然不可就此抛弃了社会科学的理论原则而陷入十七八世纪的机械论。

叶青虽然到处在引用“文献”，却到处在曲解了文献的精神。把《共产党宣言》上的关于资本主义发展的一般动向的文句，当作中国的特殊表现的充足的说明。叶青自己虽然说到“一般之中有特殊”，其实在这时他才是全然不懂得特殊的表现的真义。

太多了，但说得不充分的地方一定还有，希望读者诸君踊跃地质问，好让我们有机会再加以补充。

真理的问题

——答朱庸君

动的逻辑——辩证法的认识论的矛盾统一律证实了形式论理学的同一律的谬误，也就是说："是的就永远是，不是就永远不是，绝不会同时是而同时又包含着不是的"的形式论理学已无存在可能的，相反地，"矛盾中之统一"的动的论理学已成为每一部站在唯物辩证法观点上的哲学书所提及。

那么站在"矛盾统一律"的范畴去对每件事物加以"认识"的时候，无疑地，真理的获取也成了我们认识论可能的一大疑问。在我认为是真理，在你可以完全认为虚妄。也正如草根树皮在饥寒交迫的灾民看比观音土好吃得多，在富人们吃来简直要恶心。虽然，哲学上告诉我们，我们绝不能完全把握着绝对真理，但是我们却能取得相对的真理（只有这相对真理不断地发展、进步才能接近绝对真理，而且我们一定要去把握着这相对真理），不然将陷入对现实抱定一切皆空的概念，与佛教一样的哲学去追求来世，那么，我们怎样从这矛盾的认识中去获得相对真理呢？“只有能够反映出客观事物的真理来的见解才是真理”，这是我们无可否认的。但人们的地位、立场的差异，各人有各人的见解，而这见解不一定是真理，那么谁的见解才是真理呢？在哲学讲话里这样回答：“……社会上的真理常常由被压迫者把握着……要把握真理，就算要站在前进的实践的立场上，站在打破现状的被压迫者的立场，只有这样，我们所认识到的一切才能够与客观世界一致……”

这样的解答，我觉得不能使我们去把握真理正确的概念，同时将使我们无从去把握。

真理确是由被压迫者把握着么？这只能去说明片面的事件，却不能解释一般的情形。在当今的苏联说来，白俄罗斯是被压迫者。那么社会的难是为白俄罗斯把握着了？现今中国社会的真理是为帝国主义压迫的民族资本家把握着了？广义地说，社会上被压迫阶层不是单纯的一个，同样地，要打破现状的也不仅只是单纯的某一层的群，那么这真理又是谁把握着呢？一定要站在打破现状的立场才是真理，那么我们必得反对今日的苏联和主张和平外交的现状才算把握着真理！假如对真理的把握是这样的看法，那么我们要获取相当真理的“一点”也近乎是不可能的了！可是我们却不能不去把握真理，也只有这真理才能使我们在不断的进展中来把握绝对真理，不然，我们的认识也告枯尽，而人类的认识也将永不再进步了。

——朱庸问

朱庸君反对哲学讲话上所说的：“只有站在被压迫的打破现状的立场上才能把握真理。”他的反对并不是由理论的分析下来反对，而是举出了白俄罗斯和和平政策的两件事实，想把它作为反证。

因此，我们现在不再谈《哲学讲话》为什么要那样主张的理由，因为《哲学讲话》本身已说得很多了。我们只研究一下朱君所举的两个事实。白俄罗斯是不是被压迫者，如果真是被压迫者，那《哲学讲话》就错了，如果不是，那就证明是朱君的误解。

研究社会科学的人，都知道社会上的所谓压迫与被压迫，是以经济上的榨取和被榨取为根据的。试问现在苏联对于白俄罗斯的关系，是不是榨取和被榨取的关系，谁也知道不是！恰恰相反，白俄罗斯现在是联合着世界的榨取者（帝国主义），向苏联进攻，企图恢复它们过去的压迫者的地位。日苏冲突中的白俄罗斯的作用，不是很好的例子吧？这样苏联排斥白俄罗斯，并不是由于要榨取它们，压迫它们，反而是受了它们的压迫，不得不采取战略上的进攻。

这样，第一个事例很明白地解决了。

其次再说和平政策的例子。朱君以为如果主张打破现状，就苏联来说，就是要反对和平外交的现状。在这里，我们又得要研究"打破现状"的真义是什么。就今日社会发展过程来谈，打破现状就是要使社会前进，而"不打破现状"，就是要维持垂死的现社会关系。苏联是时时刻刻努力于打破现状的。自从1917年以来，它经过了几次的改造和前进，它经过了战时公经济时期、复兴期［新经济政策时期、改造期（第一次五年计划）］，现在是进入社会主义时期了。它现在还在不断地改造自己，以后也要不断地改造。帝国主义国家却相反，不但不愿意使社会前进，并且为了维持现社会关系，不惜开倒车，制造战争，屠杀民众，因为帝国主义要用战争来维持现状，所以和平政策不但不是帮忙它们维持现状；相反地，和平政策的意义，正是要对于帝国主义者用战争来维持现状的行为加以反对。尤其是对于它们进攻苏联的企图加以反对。所以，和平政策所要保持的，并不是顽固的垂死的帝国主义，而是一切被压迫民众的生命和为打破现状而努力的苏联，和平政策在形式上是和平的，但在本质上内容上却是前进的积极的。

明白这一点第二个问题也就自然迎刃而解了。

认识论上的问题

——答黄绍祖君

思奇先生：读完了先生所著的《哲学讲话》和《新哲学论集》，觉得它们真是能适合大众需要的好书，因为它们不但使我明了了许多以前读着那些又厚又深奥的哲学书时想了解而又不能了解的问题，同时更增添了我不少作更进一步研究的兴趣和毅力。但在这两本书里，还有好几处觉得不十分明了，因此特地写这信给先生，希望先生能给我一个完满的答复。

在哲学讲话里，关于理性认识和感性认识的问题，先生很清楚地告诉我们：单单感性的认识是不够的。因为感性认识本身只能做到像照相机那样，摄取一些表面的形象而已。先生并拿卓别林和希特勒的分别，以及卓别林和其他滑稽大王（罗克等）的关系，举例说明感性认识的靠不住，而结论到以理性去认识的必要，但我把以上几个例子细细地分析了一下，觉得里面似乎并没有理性的认识存在着。存在的还只是感性认识本身，至多也只是感性认识的扩充认识，或者说是几个感性认识的结合。譬如说，卓别林和希特勒有着同样的小胡子，但我们极容易地就能判别出一个是著名的滑稽电影明星，一个是德国的独裁者，这原因是：因为小胡子并不代表整个的卓别林和希特勒，除了小胡子以外，卓别林有着卓别林自己的形象和服装，希特勒也有着他自己的形象和服装。而我们感觉器官接触到这两副不同的形象和服装，自然就能加以判别了。假使我们单单把他们两撮小胡子置在一起，那也许就不能判别这是属于卓别林的还是属于希特勒的了。这里我们可以说理性并没有认识出感性所不能的事物。同时可以解释我们之所以能判别卓别林和希特勒之不同，还是由于对他们个别的感性认识的结合。同样地，我们之所以能在卓别林、罗克、哈台……中间找出一个滑稽大王的概念来，也还是由于这种感性认识之结合（其实应该说是融化）。因此，仅看过卓别林的戏而从未看过罗克、哈台等的戏的，绝不能在他们中间找出一个滑稽大王的概念来。

再则在“胡桃一定有肉”的例子里，先生解释它又是理性的认识。但先生也承认它是“根据过去的常识”，可是“过去的常识”是什么？这种常识又是靠着什么一种力量而获得的？我们若能仔细想一想，很快地就能知道这种常识的获得，还是靠着感性的认识。试问一个从来未见过胡桃的人，除了瞎猜外，他能想象到胡桃里是有肉的吗？

并且假使肯定理性的认识的存在，那么就承认思维可以脱离感觉和经验，换句话说，也就是企图从独立的先生的理性里去寻求真理的标准，这样掩蔽了客观世界的现实性，不是有流入观念论的危险么？

在先生批评形式论理学的三个定律时，指出了形式论理学内部绝不能容受矛盾的错误。譬如说：青年就是青年，那青年就不能是店员。这若在同一律或矛盾律的表面上看，也许很有理由。但其实这是有着不同的意义的。就A等于A说，则这样A仅代表一定的值，我们举个浅显的数学的例说，假使我们设定一个X的值等于1，那么在2X+1的方程式，它的值就和X+2、3X、4X-1以及还有许多含有同值的方程式相等。形式论理学的同一律并不曾反对这里的2X+1是等于4X-1的，也并不说2X+1既等于4X-1，那就不能再等于5X-2或3X了。同样的，它也承认青年是可能被称为店员的。不但如此，假使这青年本身是一个作家，那他还同样有权利被称为店员而同时又是作家。有一点应该注意的，是形式论理学的所谓“青年不等于店员”，是说青年的概念并不相等于店员的概念，并不说一个人是青年，就不能再是店员了。我并非是拥护形式论理学，它确有许多缺陷而为新哲学家所批判而不取的，但因此就处处在字面上用功夫，那也许又有流入机械主义的危险了。

此外在新哲学论集里，关于概念也有几个简短的问题，这里就恳请先生一并答复。

（一）概念愈高，存在的可能性究竟愈高或愈低？先生在《抽象作用与辩证法》一文里，虽则已反面的肯定，但一匹白马的存在，是否会较一匹白而又病的马的存在的可能性还小？

（二）概念愈高，内容的规定愈丰富或愈贫弱？这儿我所希望的，是知道马的概念是否已能包括大马小马、强马弱马、白马黑马种种中的大的小的强的弱的白的黑的内容？

（三）对于概念的认识，是理性的认识，感性的认识，还是直觉的认识？

问了好多问题，定会费先生不少的宝贵时间来解答。但先生能想到因着自己的辛劳而使一个青年（也许是很多青年）获得更准确更高级的知识时，那先生一定是乐于接受的。

恳切地希望你的指导，希望能在读书生活上公开答复。

——黄绍祖上

读完黄君的信，使我深深地感觉到这里有一位能够精细地分析问题的读者，这是我非常欣幸的。在这样的读者之前，一个作者的写作里所能有的缺点，都可以因他的发问而暴露出来，同时也可以给自己以修正的机会，我很高兴答复这样一位读者的质问。

关于感性认识和理性认识，所以会使黄君发出疑问，正是由于《哲学讲话》的一个缺点：《哲学讲话》里对于感性认识和理性认识的作用固然有所说明，但对于两者间的关联却没有充分发挥。《哲学讲话》对于感性认识和理性认识的互相抬杠（即矛盾）说得较多，而对于两者的关联（即统一）却说得太少。于是乍看起来，好像它竟把感性认识和理性认识绝对地分开，使读者容易误会两者是各自孤立的东西。这一种误会，确如黄君所说，有陷入观念的危险。这是和《哲学讲话》的本意违背着的。

感性的认识，是人类认识世界时最直接的认识作用。我们可以直接感觉到卓别林的小胡子、马的白色、白马的形状。没有感觉，我们就什么也认识不到。但这并不是说，我们的认识始终就只有感性的认识。认识是发展的，感性的认识不过是一个端初，感性的认识发展下去，在它的基础上就发生理性的认识，我们看过了各种的白黑、肥瘦的马以后，就认识到一个“马”的概念，这个概念，是包括着各种马的共通的特征，而撇开了它们的差异的地方（如黑、白之类），这种“马”的概念，我们直接是看不见的，试问谁能够看见一匹不黑、不白、不棕也不花的单单的马呢？然而，虽然直接看不见，但我们的认识能力却能“把握”到这概念，这就是理性的认识。所以，理性的认识，是以感性认识为基础，是从感性认识发展成的！但也并不只是如黄君所说，“至多只是感性的扩充认识”，因为概念的认识不仅仅是在“量”上比较感觉的直接认识“扩充”了，并且是在“质”上和感觉不同，是能够把握到感性所不能把握的东西的。

据“滑稽大王”这一个概念也是一样，这概念所指的一个一般的滑稽大王，并不单单指卓别林或罗克，我们要在感觉里直接看到滑稽大王这东西，是不可能的，我们的感觉里所能看见的只是特殊的某一个滑稽大王，如卓别林或罗克之类，所以滑稽大王这概念也是在理性认识的范围以内，而不能成为感性认识的对象，但这里也不可忘记，这理性认识的概念，仍是由感性认识发展而成的。正如黄君所说：“仅仅看过卓别林的戏而从未看过罗克、哈台等的戏的，绝不能在他们中间找出一个滑稽大王的同一概念来。”滑稽大王这概念，是由许多个别的滑稽人物的感觉发展而成的。虽然理性是由感性发展而成，但我们仍不能说，“理性并没有认识出感性所不能认识的事物”，我们只能说，理性认识必须以感性认识为基础，甚至于也可以说，理性认识是“感性认识之结合”。但这并不是单纯的结合，而是发展后的结合，这种用理性做基础的结合，结果是超出了感性认识的直接感觉性了。发展是一种否定的过程，理性认识之所以是感性认识的发展就在于它否定了感性认识的直接感觉性。如果像黄君所说，理性并没有认识出感性所不能认识的事物，那么，人类的认识就要始终限制在感觉的范围以内，这只是经验论者的思想，而不是辩证唯物认识论的见解。

自然，我们单凭感性的认识，也未尝不可以看出卓别林和希特勒的不同，因为他们两人各有各的服装和形象，可以直接感觉到。但我们要知道，单凭感觉所辩证出来的不同，只是一种模糊的不同的印象，这种不同的印象并不是很分明的，在感觉上，我们一看见希特勒的时候，始终仍不免会想到卓别林。要使这种不很分明的印象得到一个明确的区分，就要依靠概念的帮助，即我们要明白了卓别林是属于滑稽大王的概念，希特勒是属于独裁者的概念，才能把两人的界限划清楚的。单靠感性的认识，我们虽然可以感觉到两人的不同，但并不如黄君所说，很容易地就能判别出“一个是著名的滑稽电影明星，一个是独裁者”，因为这样的判别，是要有概念作前提条件的。总之，概念是从感性认识发展而成，是以感觉的认识为前提，但反过来，概念又可以帮助感性的认识，感性的更明确的认识又要以概念为前提，两者在发展的阶段上虽然有先后、有基础和非基础的分别，但同时也有交互使用，也有统一和互相渗透。

再说到“胡桃一定有肉”这一个判断，也是一样的，我们若没有过去的感性上的“常识”。就不会有这一个判断，这判断不是天生在人的头脑里的。但同时，这判断又和感性认识不同，因为它不必要直接看见胡桃里有肉，就能下这一个判断的缘故。

能够了解认识是一种发展，是从感性认识走向理性认识的一种运动，那我们就不会因为“肯定理性认识的存在”，“就承认思维可以脱离感觉和经验了”。形而上学的经验论者和理性论者都不了解这种发展和运动，所以当前者肯定了感性的时候，就不能不丢弃了理性，当后者肯定了理性的时候，又把感觉丢了。其实这两者都是不对的。而黄君的误会，就和经验论有同样的倾向，这有肯定经验、否认理性的错误。

《哲学讲话》里虽然讲到由感性认识到理性认识，又由理性认识走到实践的运动，但没有充分说明这运动中的具体的关联，这是一个很大的遗漏，这一点，将来打算要认真地增补一下。但这不单是《哲学讲话》的遗漏，过去的许多新唯物论著作，都没有好好地来处理这认识的运动问题，就是《辩证法唯物论教程》（已有中译本）这样新近的书，也没有十分具体地阐述。一直到去年底，苏联出版的《大百科全书》里，才编了一部更新的著作，对于认识的问题才特别充分地论述到，这书我现在已经译出，书名《新哲学大纲》。

另外的几个问题答复如下：

（一）A等于A的A，并不是代表数值，而是代表事物或性质。把它拿来和数学方程式相比，是不对的。但即使依着黄君把两者拿来比一比，也并不就会得到黄君所说的结果。即他把2X+1=X+2=3X=…和“青年是店员”同样看待，是错了。因为，2X+1，X+2，3X…在写法上虽然不同，即在实际内容上却是一个东西，即3。内容一样而单只写法不同，这当然不用说是相等的。这在论理学上叫作同语异词，也有人照英文音译作托托逻辑或套替逻辑（tautology）。就青年来说，如“二十岁左右的人”“年龄在壮年和少年中间的人”，和“青年”就是套替逻辑，因为它们的名词不同，内容却一样。但青年和店员却不是套替逻辑，因为青年的内容和店员的内容是不同的。所以2X+1=X+2=…，只能和“青年是二十岁左右的人”或“二十岁左右的人是青年”相比，却不能和“青年是店员”相比。形式论理学也并没有排斥“青年是店员”这一类的判断，不，如果排斥了，形式论理学就根本建立不起来，这是谁都知道的。不过我们要注意的是，正因为它不排斥这个判断，所以它本身早已经不能完全严格地遵守它的根本规律“A是A”了，因为它使两个内容不同的概念当作相等的东西。这绝不是在字面上用功夫，而是要指出形式论理学本身的不稳。

（二）“概念愈高，存在的可能性愈高”，这是柏拉图的观念论的主张，在唯物论上，我们认为概念并不是外界的“存在”，而只是外界物质在人类头脑中的反映。所以我们对于概念并不能问它有没有存在的可能性，只能问它是不是能反映真实。黄君以为我肯定了“概念愈高，存在的可能性愈低”的命题，这恐怕是因为他没有细读我那篇《抽象作用与辩证法》的缘故，我绝没有这样肯定地说过。

（三）概念愈高，内容的规定愈丰富或愈贫弱？这要看我们是站在形式论理学上还是站在辩证法上，如果是站在前者方面来把握，那么，概念是纯抽象的，概念愈高，内容就愈贫弱，在辩证法上，是需要用具体的概念去反映具体的事物的发展，它要包含着一切个别事物的丰富的内容，所以不会愈贫弱。马的具体概念是在要包含着大小、黑白等的内容，而且要反映它们中间的关联和变化。

（四）概念的认识是理性的认识，但也不能不以感性为基础，这是前面已说过的了。

《哲学讲话》批评的反批评

——答何礼容、孙伯成、吴珊诸君

这篇反批评本来不打算写的，因为王一知在《研究与批判》二卷二期上的批评态度完全是市侩的态度，对市侩谈理论是不值得的。但我们也声明：如果读者一定要求我们做一个反批评的话，那当然只好照做，因为许多读者也许是很希望更弄明白些。果然，接着何君的来信之后，我们又收到了孙吴两君的信，表示了同样的要求，因此现在一项项地解说一下。

王一知的文章，是分作“总的方面”和“理论方面”来说的。总的方面是关于全书编制的问题，他说《哲学讲话》作者对于哲学的一般知识不足。那么，我们就要看谁的知识不足？

他说："在第二章本体论中，《两大类的世界观》一节，显然是宇宙论中的东西。"这话不知是从何说起？所谓"两大类的世界观"，是指唯物论和观念论而言，从来的一切哲学都可以分为这两大类。唯物论和观念论所讨论的基本问题，是存在和意识、主观和客观的问题，这不是本体论是什么呢？宇宙论所讨论的是宇宙的发生和发展，在"《两大类的世界观》里"，何尝涉及这一个问题？把这当作宇宙论，这算是对于一般知识懂得么？

他又说《哲学讲话》作者"在本体论下注以'或世界观'，足见他连本体论和世界观都分不清楚。所谓世界观是包含本体和宇宙论的内容的，本体论并不相当于它。"不错，本体并不相当于世界观，而世界观所包含的，是不单指本体论和宇宙论，也包含着认识论。但在新唯物论里，唯物论的本体论，是整个世界观的基础，有了本体论的唯物论的基础，才有唯物论的认识论和方法论，所以在本体论下注以"或世界观"，是从这基础的意义着眼的。

其次，王一知说人对于哲学一般知识不足的时候，恰恰就证明他自己的对于新哲学知识的不足，他说："《现象与本质》《形式与内容》两节，应该是本体论中的问题，放在方法论中有些不妥当。……《法则和因果》，……三节，却完全是宇宙论中的问题……”这样的话，不是对于新哲学最高成果盲无所知是什么？翻开任何一本新哲学的新著作，不是都把“现象和本质”“法则和因果”等放在一起谈论的么？王一知的话，除了说他是对新哲学的最高成果怀着敌意而想加以修正之外，实在找不出另外的解释。关于这点，在《大众哲学》第四版的序（即《关于哲学讲话》）文里面已经讲过，此处不再重述了。

至于说《哲学讲话》“有好些重复的地方，缺乏剪裁和布置”，这倒是不错的，但也有它的理由，在《关于哲学讲话》里也说明了。

在“理论方面”，他是故意地咬文嚼字来歪曲，而完全忽视了《哲学讲话》每一节的整个的意思。

第一，“假的唯物论”，譬如把物质当作死的、固僵的，若要运动，就“必有一种另外的力量推动它”，这种见解，《哲学讲话》把它当作假的唯物论，是因为它最初虽然承认外界物质的存在，是站在唯物论的原则上的，但因为否认了物质的自动力的缘故，把运动变化的原因都推到一种另外的（精神的）力量上去，这结果仍会投到观念论的怀里。王一知说这是不明白物质论和观念论的分别，其实完全相反，这正因为是很正确地明白了两者的分别，所以也才能够分辨出假的唯物论（或者有投到观念论的怀里去的危险的唯物论）。如果像王一知那样，把凡是承认了外界物质存在的思想都死死的圈在唯物论里，（这是形而上学的理解，不是辩证的理解）也不注意冒牌的恶劣倾向，（例如揭着新物质招牌而实际上却散布许多观念论、二元论流毒的叶青——请看本卷四五期所登的《叶青哲学到何处去》——就是一个好榜样）那才是弄“不清楚”之至！

第二，他说艾思奇所讲的“假的唯物论”或观念论，就是机械唯物论，因此他想证明艾思奇把机械物质论弄不清楚。其实这是他把艾思奇的文章没有弄清楚。假的唯物论也承认外界物质的存在，在这一点上它总算是唯物论，这是不错的。假的唯物论把物质看作死的，不能自动发展的东西，在这一点上它是机械唯物论，这也是不错的，然而，就是说机械唯物论吧，因为它最后不能不用精神的外力来解释运动，在这一点上它就不能保证真正彻底的唯物论，而倾向到观念论方面去了。如果它是走到这一方面来了，那我们就不能说它是彻底的唯物论，我们就不妨说它和假的唯物论一致，甚至于和观念论一致了。因此，我们可以这样说，机械唯物论在一定的界限内是唯物论的，然而我们不能说它绝不会转移成假的唯物论或观念论里去。法国唯物论者大多数是能保持着他们的唯物论的彻底性的，但服尔太（伏尔泰）和牛顿，就常常和神、和观念论妥协，所以他们虽然同是唯物论时代的人，却转移观念论里去了。不从这转移方面来看，而只死死地守着分类的界限，像王一知的那种说法，是完全形而上学的！

第三，《哲学讲话》把万物都有灵魂、有生气的主张，称作“万物有生论”，而不称作“万物有灵论”，这只是字眼上的问题，并不是内容上的问题，如果一定要挖字眼，那么，王一知跟着叶青把唯物论一定要写作物质论，我们也很可以有话说，有文章可做了。其实字眼的问题不是第一义的，要紧的是不要因此歪曲了内容，“万物有生论”这名词是还不至于损害了它所要指的内容的。

第四、第五，王一知把反映论这名词限制在“认识的本质”里，以为这名词不能包括认识的可能和认识的起源的问题，这是完全不懂得新哲学最高成果的曲解，完全是跟着形而上学者做着死的分类。其实反映论在新哲学里，是认识论的一个总名称。反映论可以包括认识的可能问题，因为它给我们解答：外界的一切可能逐渐反映到我们的意识里来；它也包括认识的本质问题，因为它告诉我们，认识的本身是外物的反映；它更包括认识的起源问题，因为它告诉我们，认识的来源是外界事物的反映，没有外界事物，没有这些事物的反映，就没有认识。王一知以为反映论不能做认识的起源论看，以为只有经验论才是起源论，这是退回到百年以前的旧哲学群里，而把新哲学抛弃了。要知道，反映论主张认识是起源于外界的反映，这才是彻底的唯物论的起源论，而经验论呢，是主张认识起源于经验，起源于感觉，至于这经验、这感觉，却不一定是来自外界的事物，譬如勃克莱（贝克莱）和休谟的经验论，就主张经验和感觉，只是主观的东西，不是从外界物质来的，这样，经验论虽然是一种认识起源论，却并不一定就是唯物论的起源论，彻底的唯物论的起源论，是只有反映论一种。所以艾思奇所说的“经验论和反映论不同”的话，是有正确的道理的。但这道理，在王一知恐怕“不知道”“不懂”，而且“弄不清楚”！如果弄清楚了，还要这样说，那一定是故意要把新唯物论计陷到观念论的泥沼里去的企图。

第六，他说经验论和理性论“综合”的确不是反映论，这样的主张，找遍全世界的新唯物论著作，恐怕都找不到，有之，那只是在冒牌的叶青哲学里，作为叶青学徒的王一知而有这样的主张，自然是不足为怪的。新唯物论承认，并且必然要承认实践是认识的基础，认识本身的特征，正是通过实践对外界事物的反映。没有实践，当然没有这反映，但单单有盲目的实践（蛮干、硬干、乱干），忘记了客观真理的反映，这就要走到反理智主义的法西主义的极端，这和唯物论的认识论是离得非常远的。主张“经验论与理性论底综合。……绝不是反映论”的王一知和叶青，是另外有他们的恶劣倾向的。

第七，《哲学讲话》说实践能使人的主观和客观外界接触，使两者互相统一，王一知不赞同，说这是和感觉论经验论相同，其实他不懂得，像前面已经说过的一样，感觉论和经验论也有主观的，主观的感觉论和经验论就不必要求主观和客观接触，所以说实践使主观和客观接触，不见得就和感觉论同。他说实践之于认识，不在于使主观接触客观，而在从使用客观改变客观去理解客观的存在及其法则。试问“使用客观和改变客观”和“接触客观”，有什么本质上的不同？难道“使用”和“改变”的时候还不要接触么？接触并不是在旁边静观，而是密切地接触啊，把“使用”“改变”和接触完全分开，这只是咬文嚼字的时候有点儿作用，事实在本质上是没有意义的。至于他说“在使用和改变中，要感觉又要思维，所以是把感性和理性合而为一的”，这样的话，说来固然好听，其实是非常混乱。因为感觉和理性的合而为一，并不是胡乱搅在一起，两者是作为过程而互相连接的，大概地说就是也从感性认识萌芽，又由感性发展而成理性，所谓理性接着来抬感觉的杠，是指这过程的联络而言的。伊里奇说：“从活生生的感性认识，走向思维，又由思维回到实践。”《哲学讲话》的一切理论，就是正确地依着这个命题去做的。

此外王一知还说到三点，不但没有批评到《哲学讲话》，反而证明他自己没有脱离已经被推翻了七八年的布哈林机械论的影响：

（一）他反对艾思奇把原因和必然分开，说："凡有原因的就是必然的。"这不是布哈林的理论是什么？如果说凡有原因的就是必然的，那么，试问世界上有没有一种无原因的事物，如果没有，那么，就是说世界上的一切都是必然的，世界上绝没有偶然的东西了。否定了偶然的客观性，而只看见必然，这是恩格斯在八十年前就反驳过的，因为这和宿命论太相近了。

（二）他反对这句话："机械论的错误是把偶然和必然混淆成一个东西"，而主张"机械论的错误在于知有必然而不知有偶然"。其实机械论何尝不知有偶然，它不过是把偶然看作主观的东西，认为偶然的东西在客观上是必然的，这样说它是把偶然和必然混淆起来，何尝是不正确呢？

（三）他反对这句话："观念的错误就是把偶然性和必然性完全分开"，而主张观念论的错误是"知有偶然性而不知有必然性"。这更是"从何说起"？譬如苏联的德波林哲学是少数派观念论，明明是"知有必然性"的，这不必多辩驳，请诸君把《新哲学大纲》拿来翻一翻，就很够暴露王一知的莫明其妙的奇想，就可以知道他是怎样懂得机械论和观念论了。

哲学问题四则

——答陈文纨、张凄咽等

（一）《费尔巴哈论》一书中，有这样的一段话："在辩证哲学中没有永恒的、绝对的、神圣的真理。"这句话如果是对的，那么，这话的本身又是不是永恒的、绝对的真理呢！我们知道，著这本书的人，正是一个辩证哲学者，辩证哲学既不容许有永恒的、绝对的真理，那么他说的那句话也不应该是永恒的、绝对的真理了。辩证哲学主张"世界上的一切都是变动不居的"，那么他这句话也应该会有变动，即使现在可以这样说，将来却不能成立了？更进一步说，辩证哲学也不是绝对真理了？

答：要解决这一个问题，必须先了解辩证哲学中所见的真理是什么。辩证哲学中没有永恒的、绝对的、神圣的真理，这是不错的。但同时，辩证哲学也不是主张，一切真理只是暂时的、相对的。如果这样主张，那就成为相对主义了。我们要知道，辩证哲学的基础是对立的统一。相对真理和绝对真理，在辩证哲学里，也要构成一个对立的统一。辩证哲学里没有全然绝对的真理，但同时也没有全然相对的真理。相对真理和绝对真理是统一着、互相渗透着的。更具体一点儿说，人类所认识的一切的真理，在辩证哲学看来，都是客观世界的现实的反映，既能反映客观现实，所以这真理的内容总是绝对的。但同时，人类并不能够一次就把客观世界的一切真理都看透了，每一个时代所知道的真理，只能按照着实践的发展程度，认识到某一个限度，或某一个阶段，如果要更进一步的更高的认识，必须有更进一步的历史实践，在这种意味上来说，我们所认识的真理的形式，始终是相对的。真理有绝对的内容和相对的形式。所谓绝对的内容，是因为它能反映现实。所谓相对的形式，是因为它的反映在一定时代只能达到一定的阶段。这就是相对和绝对的互相渗透和统一。辩证哲学的本身，在内容上是绝对的真理，《费尔巴哈论》上的那句话，也可以算是绝对的真理，但我们不能说这绝对已经是最后的绝对，辩证哲学在现在的阶段上已经比六七十年前更发展更具体化了，将来它也还是要更发展和更具体化，所以在形式上，我们仍可以说它是相对的真理。

（二）人生究竟是为什么？假如做人只为了吃饭，那么，吃饭又是为了做人，岂不是太无聊吗？

答："人生为什么"这问题是太空洞了。人的目的，是随着时代、社会，以及阶级的不同而不同的。要想定一个全人类共同遵守的目标，是不可能的事。你试问商店的老板说："人生为什么？"他一定答说："人生不过是要多赚几个钱，好好地吃一吃、穿一穿就算了。"你试问二十年前的"读书人"，他一定答说："人生就是为要做大官，显亲扬名。"你试问外国的牧师，他一定说："人生是为了赎罪而来的。"……总之，各色各样的人，有各色各样的人生的见解。我们要空空洞洞地定一个全人类共同的目标，是不合理的，即使定了，也没有用处，因为全世界的人绝不会都跟你一样想。我们现在只能替我们定目标，我们的问题只是："我们生在世界上的任务是什么？"要明白我们的任务是什么，就要先了解我们所处的地位是什么？要了解我们所处的地位是什么，就要认识我们周围的现实。所以，如果你要了解人生是为什么，你就先得要认识我们的生活是什么？例如对于中国的认识，我们已决定第一是处在半殖民地半封建的国家，第二是现在已临到民族危机更尖锐的时代了。那么，我们的任务，至少也可以确定这一点，我们要努力抗争，求民族的自由解放！这就是我们的为什么了！

（三）有人说：中国所以保留为一个国际资本主义的半殖民地，而不为某一帝国主义所独占，那是因为帝国主义相互间的力量的均衡。又从前北京的共和政府所以能够存在，是因为各地军阀势力保持一种相对的均衡，均衡打破了，北京政府也就瓦解了。这样解释对吗？

答：中国的问题是很复杂的，中国之所以不被帝国主义独占不是简简单单的均衡两个字可以说得清楚，也不是现在我们的短短的答复可以说得完备的。大体上说来，如果仅仅是力量的关系，那么，各帝国主义也可以按照自己的力量来瓜分了中国，何必一定要让中国保持着独立的完整的形式呢？又譬如在有些国家里，显然某一个帝国主义者占了优势，成了它的保护国，然而这国家表面上仍然有独立的形式，不露骨地成为殖民地，这也不是力量的均衡不均衡可以说明的。均衡论在哲学上现在已经被清算了。在事实上也是讲不通的。无论看什么事实，我们现在再不能从力量均衡方面来观察，而要从矛盾方面来观察了。就中国来说，所以能保持独立的面貌，是因为在先已经给了帝国主义者种种特权，帝国主义者靠着这些特权（如关税等），已经能够获得极大的经济利益。如果要进一步在武力上独占，反而使自己的利权不能发展，这就是一种矛盾。然而这是过去的事了。这矛盾发展到现在，因为世界经济恐慌，帝国主义已不能用和平的方法解决经济问题，于是武力独占的危机也紧迫起来了。各帝国主义在中国的力量，不能说只在过去才有均衡。但中国的民族危机，却是到现在达到尖端了。

至于从前北京政府的存在，也不是力量均衡的表现。恰恰相反，在每一届的北京政府里，力量总偏重在一系方面，如段祺瑞政府的偏重安福系之类。因为不是均衡的表现，所以形式上虽是共和政府，而实质上却时时刻刻酝酿着矛盾，屡次的政变、内战，以至于北伐，都是由于内部的矛盾。如果我们用均衡来看北京政府，那我们为它是超乎一切之上的公平的（即均衡的）政府了，这是错误的！

——以上答陈文纨君

（四）在一本《哲学概论》书中，看到这样的话："机械论者承认社会体系的内部发展与变更，是完全由外部的矛盾——社会与自然之间的矛盾——决定的。"至于新唯物论则认为"社会的运动与发展是由于社会内部的矛盾决定的"。那么，将来的社会内部矛盾完全消失了以后，社会不是不会再有运动和发展吗？说是对的话，似乎违背了"一切皆变"的规律。如果说那时全靠外部的矛盾来推动社会，又犯了机械论的嫌疑？

答：照新唯物论的观点，则一切事物都有内部的矛盾，因此，就是将来社会，也不能说就没有内部的矛盾。具体点儿说，生产力和生产关系的矛盾，在将来还是要有的，不过现在的这种矛盾，是取人和人的敌对形态表现着，而那时的矛盾，却不是这种形态，所以将来的社会所消灭的矛盾，只是人和人的敌对形态的矛盾，而不是将一切矛盾都消灭了。明白这一点，问题就可以迎刃而解。

——以上答张凄咽君

动物有没有本能

——答汪德明君

汪君读完郭任远著的《行为学的基础》后，对于行为学者不承认“本能”和“意识”引起了很大怀疑，汪君认定“人是有本能的”，同时汪君也“很尊重本能说”。这到底谁是谁非呢？汪君自己不能自决，因质之我们。我们觉得这一问题的提出，虽然不免失之专行，但“本能”之说对于一般人的印象素深，能借这个机会来讨论一回，谅也不是无意义的事吧！但在解释人的“本能”前，我们应讨论动物的本能，因此我们把问题稍微扩大了一点儿。现在先就方法论略加讨论。

动物有本能是一般心理学家所承认的，但行为派的心理学者独加以反对，尤以郭任远先生来得最彻底。本能果然会因行为派的反对而失去存在的意义吗？这是很值得讨论的问题。但若要想从现在心理学各派的研究和理论中得到圆满的解决，是很难的，因为各派有各派的立场和方法，各派都执着自己的是而反对他人之非。所得到的结论，常是片面的。

我们自然不能否认：每一派的心理学家对于心理学都有其特殊的贡献，但同时，他们那片面的、形而上学的方法论使他们不能把握事物的全面，以致将结论引导到极端的危险的方面。行为派也同样提供了许多有价值的研究，同时也因为行为派的特殊的方法使它得到了很奇怪的结论，即本能的否认。

因此，要答复究竟有没有本能的问题，最好先就行为派的方法做一个批判，指出什么是正确的研究方法。把握住了正确的方法，读者便可以在研究当中下正确的判断，而不至于看见了一个奇怪的结论便莫知所措了。

行为派之所以有价值，是在于它在心理学中应用了唯物论的、彻底的实验方法。心理学到了行为派的手里，便成了完全客观的实验科学，它将心理现象也看作一种物质现象，看作一连串的刺激和反应的过程。因此行为主义者认为心理科学的研究应该是应用物质的刺激以求动物身上的物质的反应行为，刺激和反应的研究，便是心理科学的根本基础。行为主义者放弃了内省派的主观的观察法，而把心灵当作与物理化学同样的东西去处理。

使心理现象与物理化学联系起来，这是行为主义的大功绩，因为高级的（心理）现象是不能与低级的物质基础分离的，心理作用只是物质作用的一种属性，物质不存在时，便也没有心灵。从物质的研究中去获得心灵的了解，是行为主义的很大的优点。但是，行为主义一旦把握住了物质的基础，便以为这低级的基础就已经足以代表一切，于是否定了整个心理作用的特殊性，以为除了刺激和反应的过程外不更有什么。本能、意识，都可以还原为刺激和反应的现象，它本身是毫无一点儿意义。

依据这样的方法论，行为主义者便否认了本能的存在，而将本能也看作刺激和反应的过程之一种，这种方法论，就是我们常常听到的所谓“机械论的方法论”。把高级现象还原作低级现象，而抹杀了高级现象的特殊意义。更明白地说，机械论者认为高级的现象与低级的现象，只有复杂和简单的分别，而无性质上的差别，即只有量的差别，而无质的差别。所以，认为本能与刺激和反应的过程是同样的东西，不过刺激和反应是单纯的刺激和反应，本能则是一连串的复杂的刺激与反应而已。

这种方法论，也是形而上学的。何以为形而上学呢？就是它抓着了事物的一面，而忘却了该事物的另一面，它把所抓着的一面看成死的、固定的，而不知道这一面的活动性，不知道这能够转化为另一面。承认了刺激和反应的低级现象，而放弃本能和意识等高级现象，这就是形而上学的。

但形而上学的方法，在今日，早已不成其为研究真理的方法了。举简单的例子来说，水是比氢氧二气都高级的，因为水是氢氧二气化合而成的化合物，但我们能说，水的性质与氢氧二气是一样的么？自然，要研究水的成分，必须把它分解为这两种气体，但对于水的本身性质的认识，是绝不能在两种气体的研究中得到，而须把整个的水拿来研究。我们不能因为分析出低级的氢氧二气，便否认了高级的水的特殊性，由低级的现象复合而成高级的现象时，不单只是量的转变，即不单只是量的复杂化，同时性质也有了改变，而转化为另一种的质。

所以，研究高级现象而以低级现象的分析为基础，这一点是可以首肯的，因为高级现象是由低级现象所构成的，高级现象包含着一切低级现象的缘故。但一旦构成高级现象，则低级现象的性质便隐没而成为另一种的性质，这种转变的过程，就是所谓的扬弃（aufheben）。这样，对于行为主义者，可以很赞赏他们那唯物的、客观的、实验的研究方法，但因为应用这种方法，就要否认了动物的本能和意识，那是形而上学方法的作祟，如果打破了形而上学的观点之束缚，则尽可以承认本能的存在，至少没有否认的必要。因为本能是比单纯的刺激和反应更高级的现象，虽然也是一连串的刺激和反应所组成，但既已成了连串，性质上便不单只是刺激的反应。例如，单纯的刺激的反应只是机械的、盲目的行为，而本能则是围绕着一个中心目的而执拗地活动着的一种有目的性的行为。既然本能的目的性行为与机械的盲目行为不同，则本能的特殊意义就能成立，本能的存在便不容否认。

前面论到一般动物有没有本能的问题。我们反对行为主义者的形而上学的研究方法，他们把低级现象（刺激和反应的过程）片面地夸大了，而忘却了高级现象（本能）的特殊意义，但反过来说，若抬高了本能的特殊意义，使它完全与刺激和反应的现象分离，而当作一种完全孤立的东西，那也同样是片面的观点。生物学上所谓“生机说”或“活力说”，就是把动物的行为看作一种特别的活力作用，不把它与低级的物质作用联系起来研究，结果动物的行为好像是有一种神秘的精灵在后面推动似的，这很容易将人的思想引导到观念论，甚至于引导到宗教迷信的方面去，也是要反对的。因此行为主义者的唯物的实验的方法，就值得我们推重。换一句话说，我们可以用批判的态度去接受行为主义者的研究，赞成本能只是连串刺激和反应的综合，而同时，既成为本能，便也有本能所特有的性质，与单纯的刺激和反应不同。我们的结论是：动物是有本能的。

人类是动物，当然也有本能。但人类与普通的动物不同，因此人类的本能也另有一种意义，现在就要讨论这一点。

人类与动物的不同，是因为能制造工具，这是汪君也提到过的。但人类能制造工具，能以工具取得所需要的物质，不必全赖爪牙和气力，这就使人类的生活比动物的生活更发展了一步，人类的生活是比动物的本能生活更高级的，更明白地说，人类的生活是智慧的生活。自然，如果以为人类的生活和动物完全不同，那也未免陷入片面的见解，最大的两种基本本能，如汪君所说的食欲和性欲，是不论人类或动物都一样的。但动物要达到这本能的目的，其方法不外是应用自己身上生来具有的器官，一切行为都受着生理上的限制，所以动物的生活是纯粹的本能生活，人类能利用工具，用外物来代替自己的器官，这使人类超出了本能生活。

人们常把蚁的群集组织与人类的社会组织相类比，这是错误。蚁的群体完全是基于蚁的生理构造而形成的。但社会的组织是人类因应用工具实行生产而发生的互相结合，也就是所谓生产关系，蚁的群体受生理的限制，故这种群体的组织凝固不动，没有改善和变革的余地。人类则能不断地改善他的生产工具及其应用方式，使生产能力发展，而人类间的相互关系也因之改变。革命就是因生产力的发展而引起来的生产关系之变革。动物的群组织是有机体的组织，而人类的群组织是社会的组织；有机组织的变革和进化只能依赖自然淘汰，而社会的变革的原因则是社会生产力的增高和发展。人类生活与动物生活是这样不同的。

因此，如果不分清楚人类生活与动物生活，以为人类的行为也是以本能为标准。这仍是夸大了低级现象而忘却高级现象的形而上学的看法。这种错误的看法是常常有的，例如，有的历史家常以为一国的君主掠夺别国的城池，是为了争夺美女的缘故，这是以性欲本能解释历史之一例；又如，英国的马尔萨斯的人口论，以人口过剩及食物不足来解释民族与国家间的战争，这又是以食欲本能解释历史之一例。其实这些说法都是蒙蔽了真理的。

评判一个人的行为，也不是以行为之能否适合本能为标准的。恋爱或甚至犯奸的行为，虽然是本能的发挥，不一定是罪恶，但也不一定就常值得同情，如果一个人因迷于恋爱而疏忽了他在社会上所应负的责任，那还是会成为罪恶的。善恶的标准，须得要看那人的行为在社会关系上会发生什么意义，然后才能确定。

总之，要了解社会和人类的行为，必须研究人类社会特有的经济现象（是生产力和生产关系等）研究，不能用低级的动物本能作为解释的标准。自然，人类社会现象是本能现象的延长和发展，我们不能否认，人类与本能是不能分离的。但本能到了人类身上，就被更高的智慧这一种东西所包摄、所扬弃，本能生活到这里，便隐没在智慧中；更确切地说，隐没在社会生活中。因为人类智慧的活动范围是不能超出生活之外的。

所以，人类不是没有本能，但在人类生活中，本能只有次要的意义，不能决定人类行为的根本方向。智慧是人类行为中的固有性，而本能是“附属性”。反之，在动物生活中，也并不是没有智慧的萌芽，猿类能用树枝或石子击物已是最初步的工具之应用，但这在猿类的生活中并不是主要的行为，只是偶然的行为，因此，除人类以外，动物的生活都可以说是本能的生活。

恋爱的本质是性行为吗

——答徐晓云君

一　来信

读书问答：

日前某妇女团体开“座谈会”讨论“恋爱问题”，他们讨论的第一个问题是“恋爱的本质”，讨论后所得出的结论是：“恋爱是以性行为的发挥为基础，而以基于爱情及思想行动之协调，感情性格之一致，人品学问之相当等附带条件而成性的两性结合。”

随着这问题而来的是“本质”之可变性与不变性的争论，主张可变性者是根据辩证唯物论的观点，认为宇宙的一切事物都是在变化发展的，恋爱的本质，当然也是在变化发展。反对这一见解的人却认为恋爱的本质既是以性行为为基础，则这性行为是绝对不变的，它相当于人类饮食之无论在任何时间与空间不会不饮不食一样。

我同意于前者而提出了如下的补充：恋爱的基础虽是性行为，而这性行为的基础却是依存于两性，即是说两性才是最基础的东西，性行为不过是有了两性以后的派生物。根据生物进化论的发见和社会进化史的推论，人类也是由最低级的生物——亚米巴、单细胞之类长期进化来的，并不是一有宇宙即有两性的行为的出现。两性间的生理器官，自进化成人类以来也都经过了不少的变化。未来的两性，通过社会生活的演进，也很难说不会促进性行为的变化。既然两性的本身都在演变，则由这两性所附生的性行为，也是要与两性辩证地变化发展的。

我这一意见才提出，竟引起了主席和一部分人的非笑，认为是“离开本题”的“滑稽”，渺茫抽象的奇谈，而竟不加解释地武断地作出了“恋爱的基础——性行为绝对不变”的结论。先生，性行为真是不变的吗？为什么？宇宙间竟有绝对不变的东西吗？这一真理如果存在，不是连辩证的逻辑都要被否定了吗？我实在不明白她们所以发笑的原因，也许我的那种说法太架空和不圆满了一点儿，但它究竟不是“奇谈”，更没有“离开本题”。说得不对，不对的地方在哪里，她们没有给我指出；对，她们的笑不是浅薄无聊吗？先生，她们那一“不变说”的论证算充分吗？算正确吗？真是把握住了真理的核心吗？那样武断，那样主观，是学理探讨的态度吗？我的意见真的没有成立的理由吗？何以故？

尤其使我莫明其妙的是那第二个问题——恋爱的形态的结论与第一问题结论之相互矛盾：“恋爱的形态与其本质相对的统一着，但这形态须随时代及社会经济的变化而变化的。资本主义制度时代的恋爱形态，只是畸形的以商品的买卖形式出现；真正合理的自由平等的恋爱，必须俟私有制度废除以后，公有制度确立的社会里才能普遍实现。”本质既与形态“相对的统一着”，而本质又是“绝对不变”的，规定形态变化的倒不是形态的本质而是“时代及社会经济”，这不又将形态与本质的“统一性”完全消去了吗？离开了本质的形态，真使人不堪想象！先生，对立物的相对与统一，该是要在对立物的相互矛盾与运动的逻辑下才会存在的吧？如果形态单独向前发展而本质停滞不动（当然是不可能的），则本质不是将被形态否定了吗？形态与本质不是辩证法的发展着的吗？这不是机械论者的观点吗？但它错误的原因在哪里？

该团体的态度，究竟算是比较前进的，我个人对它解放妇女的期望相当的大。那天在座的人又很多；不论是谁，灌输了错误的理论给听众，谁就要负责任去纠正。为了这，我深惧我的发言会有错误，特来请求先生指正，好让大家不会受我错误的影响；同时，她们的观念要是不正确，也望先生指出。

——读者徐晓上

二　恋爱不是永久不变的

恋爱问题，我们还没有详细地讨论过，也没有人像徐君这样郑重地提出来过。这也许是因为中国人整个生活问题太严重了，使人没有机会充分来注意它。但我们对于它也不能忽视，它始终是青年们的重要问题，并且正因为生活困难，更成为青年们非常苦恼的问题。

趁着徐君提出来的机会，我们来加以讨论，不是没有意义。从来信上看来，徐君所讲到的那妇女团体，正如她所说的一样，究竟算是比较前进的。至少，她们不是恋爱至上主义者的集团，她们没有把恋爱当作人生的至高理想，看作唯一的幸福，她们坦白地宣布了恋爱是建筑在物质上的，恋爱和性行为分不开。她们又了解在现在不合理的社会里，也没有合理的恋爱，“真正自由平等的恋爱，必须俟私有制度废除以后，公有制度确立的社会里才能普遍实现”。这就是说，两性问题是不能单独解决的，必须整个的社会有了办法，才能够建立起合理的两性关系。这些地方，都证明她们的进步性，证明她们并没有像观念论者一样，把恋爱的理想过分地夸大了。

但她们对于恋爱的了解，未免太简单了，她们几乎把恋爱和性行为看作一件东西，没有加以分别。不错，没有性行为，就没有恋爱，如果以为恋爱可以和性行为完全隔离，是不对的，但我们要知道，性行为不一定就能够产生恋爱，动物也有性生活，但我们能说动物也会恋爱吗？恋爱只在人类中才会有，而且就在人类中，也不是完全普遍的，譬如在封建社会里，只有天经地义的男女婚媾，却没有恋爱，人类的恋爱，也要在一定的社会条件之下才能产生。

就把她们对于“恋爱的本质”的结论来说，她们也承认，恋爱必须要有“爱情及思想行动之协调，感情性格之一致”等的“附带条件”，虽说是“附带条件”，但如果缺少了它们而仅只有单纯的性行为，那能够算是恋爱吗？以“父母之命，媒妁之言”为依据的封建婚姻，所以不能称为恋爱，就是因为缺少这些“附带条件”。

我们可以说，性行为是恋爱存在的必要条件之一，但并不是决定恋爱的基础，离开了性行为，恋爱当然不会存在，但性行为的本身，并不能够产生恋爱。恋爱的产生，一定还有别的来源，还有别的决定的基础。这就好像盖房子，地基、砖瓦和其他材料，是房子的必要条件，没有这些东西，也就没有房子，但地基砖瓦和其他的材料等，是不会直接产生房子的，要产生房子，另外还有盖房子的人。

明白这一点，我们就可以说：恋爱的本质，并不是性行为，就好像房子的本质不是砖瓦地基一样。同时这“本质”的可变性与不可变性的问题，也有了解决了。性行为果然是和人类饮食一样，无论何时何地，人都要饮食，无论何时何地，人都可以有性行为，这两种行为，是不变的。但人类求得饮食的方法，却是因时因地而不同，而发挥性行为的方法，也是因时因地而不同的。恋爱不过是人类发挥性欲的方法之一种，封建婚姻也是一样。封建婚姻是可变的，它在一定的情况下发生、发展和没落，恋爱也是可变的，它从一定的时间空间中发生和发展起来，现在我们所知道的恋爱，将来也不能说没有消灭的一天。

对于这一切，我们自然还得要再具体地讲一下，恋爱既然不是由性行为直接产生出来，那么，它是怎样产生的？它的本质既不是性行为，那又是什么？它是可变的，它发生、发展和没落，那么它是从哪里发生？它没落之后，男女的性行为发挥方法，又成为什么样的状态？这几个问题，都得要具体地说一下。

三　恋爱的特点及其社会基础

恋爱怎样发生的呢？我们不妨把中国过去的事情回想一下。恋爱问题在中国最出风头的时候，是十年前左右。那时正是所谓五四运动的期间，全国发生了一个反对旧传统的运动，恋爱自由的呼声，也成为反对旧传统的一个口号而出现了。这新的文化运动的来源，人人都知道是因为中国社会上的资本主义要素最初抬起头来，要想打倒旧的封建势力。新文化运动就是这新兴势力的表现，恋爱自由的主张也正是这新文化中的一支生力军。我们试把恋爱自由的主张中的几个特点指出来，就可以知道它是反映着资本主义的生产关系了。

第一，我们可以看出，恋爱自由有个人主义的色彩。从五四运动时期的言论里，可以知道，主张恋爱自由的人，是以为恋爱是男女个人本身的事情，所以只能由本身自己来决定，不能听从“父母之命”，排斥第三人的干涉。这在反封建方面是有意义的，但推到极端，就有人把恋爱看作纯粹个人的事，以为和社会全然无关。个人主义是从资本主义的基础上产生，这是谁也知道的。

第二，恋爱是以自由平等为理想的。所谓恋爱自由，就是要人人都站在平等的地位上，作自由的追求，自由的竞争，自由的结合，资本主义初期的时候，也就是用自由平等的口号来和封建势力对抗的，恋爱自由不过是一方面的反映。

第三，我们要注意，恋爱的自由平等，是虚伪的自由平等。恋爱者的双方互相间都有一种占有欲，一个人到了恋爱的成功的时候，就觉得对方是自己的所有物，这种占有欲，和资本家对于自己的财产所抱的态度并没有多少分别。后者说“我的财产”，前者说“我的爱人”，“我的”的观念是很值得注意的。表面上主张自由平等的竞争，竞争的目的，是要使对方成为“我的东西”。然而竞争在表面上虽然自由平等，有资产的人实际上始终占着优势，自由平等也只成了一部分人的自由平等，这种自由平等，是终归要没落的。就好像今日垂死的资本主义国家，完全放弃了经济上政治上的自由主义一样，今日的资本主义社会里，男女两性也说不上自由恋爱，而成为露骨的买卖婚姻了，自由恋爱和自由主义一样，是资本主义初期的产物。

第四，我们还要注意，恋爱所需要的那些条件也是反映着社会的不平等的。例如“爱情及思想行动之协调，感情性格之一致，人品学问之相当等”，就表明恋爱的存在，必须双方的思想行动、感情性格、人品学问等在一致的水平线上，然而要使这些东西有一致的水平线，必须双方都属于同一社会层才能成功。这就是说，在通常的状态之下，一个资产阶级的妇女和一个苦力劳动者是恋爱不上的，更进一步说，苦力劳动者们因为生活的残酷压迫，一般所谓的“人品学问”之类，在他们认为是谈不上的，因此对于他们中间也就说不上恋爱，而恋爱就成为资产阶级和小资产阶级的事实上的特权了。

根据以上的四个特点，可以知道恋爱的发生，和资本主义的兴起是有多么密切的关系！恋爱的种种特征，都带着新兴资本主义的性质，初期资本主义的经济关系，才是产生恋爱和决定恋爱的基础、恋爱的本质。我们现在就可以下一句断语：恋爱是初期资本主义的经济关系在两性问题上的表现。

当然，如果说恋爱完全不是性行为，也是不对的，恋爱始终是人类发挥性行为的一种方法或方式，它和性行为是统一的，但说到这种方式的本质，我们就不能说是直接由性行为产生，我们就同时要指出它和性行为的差别。这就是辩证法上的“差别的统一”。不了解这一点，以为恋爱的基础只有性行为，那就是把复杂的事情看简单了，这是一种机械论的错误。

四 恋爱的本质和形态

这样，我们就得要在资本主义经济关系中找恋爱的本质了。但是，把恋爱单单看作经济的行为也仍然是简单化，仍然不够的，恋爱在发展中还表现出种种的“形态”，我们也不能不注意。有的人恋爱的时候，目的是想得到好帮手，有的人（恋爱至上主义者）把恋爱当作人生至高至美的理想，像神圣一样地崇拜对方，有的人还带着半封建的观念，拼命地要把对方作为独占的对象。这种种的形态，和恋爱的本质自然有相对的统一，不在资本主义的初期（例如在封建社会里），社会绝不许你自由去找好帮手，也不容你把爱情看得太高（要紧的是封建社会的义务）。所以这些形态，和资本主义的本质是统一的。但统一中同时也有矛盾，形态发展到某种程度，这矛盾就会暴露出来。恋爱至上主义者在极端的时候，有时也会不顾一切经济的限制，能为恋爱而牺牲自己的。为恋爱达不到目的而自杀的人，是不必说了，像有钱人的小姐跟着车夫逃走的事，也是屡屡可以听到的。如果以为恋爱仅只是单纯的经济行为，这些事情就成为神秘不可理解的了。

我们要看出恋爱的经济本质和它的观念形态（如至上主义

等）的矛盾，形态是由本质决定的，但同时它也有相对的独立性，忽视了这相对的独立性，一切都要单纯地用经济来解释，这也脱离不了机械论的错误。例如叶青先生就是一个例子，他说："他与她恋爱，是因为他有财产……并且要能养活她才娶她……并且要他能养活她才嫁他……"又说男女双方有时虽已注重学识而不注重财产，全然因为有了这些，"暂时贫穷，将来会好"的缘故，这都是太把事情说得机械化、简单化了。实际上男女青年在恋爱的时候，倒并不这样单纯，他们的观念形态的独立性发挥到极端的时候，倒常常会冲破经济的打算，把性命做牺牲品，这是不能不注意的事实，并且也是特别重要的事实。因为牺牲者的出现，并不仅仅证明恋爱至上主义的存在，并且能暴露社会经济的病根，表明这社会不能满足两性的理想，表明恋爱本身所受的物质的限制。

徐君所问的形态和本质的统一及其矛盾，就是这样解答的。

五　将来的两性关系是怎样的

最后我们要解答恋爱是不是会没落，如果我们把恋爱单纯归结到性欲上，那我们当然不能承认恋爱会没落，因为这样一来，性欲存在一天，就有一天的恋爱，更进一步，我们将以为别的动物的性行为也是恋爱了。这当然是一个错误。我们已经知道封建婚姻中有恋爱，我们也知道在今日资本主义的末期，经济上的独占形成和一般大众的贫穷化时代，恋爱也没有成立的条件，这时的男女关系已经露骨地成为买卖式了。这表明恋爱也并不是有永久性的东西。

但要紧的是将来社会里是不是有恋爱的问题，据那妇女团体中的人主张，是真正自由平等的恋爱要在那时候才能出现。这一点，有一部分是对的，因为根据社会科学，我们确实可以预料将来必有更好的社会经济制度，因此也有更理想的两性关系。但事物的变化，不只是量的方面的变化，质的变化才是更重要的。我们绝不能说将来的两性关系仅仅是比现在的更合理，我们还要说在那时，两性关系在本质上也要起变化。至少我们可以想到，在公有制度完全确立的社会里，“思想行动之协调、人品学问之相当”等条件是不成问题的，两性的结合，也用不着讲这些条件，这些条件只在目前不平等的社会里才会提起，因为不平等的制度使人群间的思想等不一致，才有这些条件的要求。既然用不着讲这些条件，那么，男女的结合就可以由纯粹的友爱达到目的了。其次，我们的恋爱理想中所具有的那种占有欲，在将来的社会制度之下，是可以不存在的，两性关系可以达到爱而不恋的境地。

这两点，是我们可以推测到的。如果我们一定要把将来的这种两性关系叫作“真正合理的恋爱”，那我们不必一定要反对，因为我们并不是要在名词上争执，要紧的是要明白，这一种两性关系，和现在我们心里所想的恋爱，或和资本主义初期人们的恋爱理想，在本质上始终是有差别的。

我们的答复大致说完了，总之，这妇女团体是进步的，原因是她们都没有受到观念论的毒害，她们都相信将来的合理社会，但她们的错误是有机械论和形而上学的色彩，用简单的性行为解释复杂的恋爱，就是机械论，把恋爱看作永久不变的东西，就是形而上学。至于徐君自己，她主张恋爱的本质能够变化，这是正确的，她矫正了她们的形而上学的错误，但她自己也和她们一样，同是上了机械论的当，以为恋爱的本质就是性行为。性行为是生物的行为，不是人类特有的行为，但恋爱却是在人类社会一定的基础上发生的，不是简单的性行为可以说明。

最后，说到生物的性行为，当然也不是永久不变的。性行为不过是生物的生殖方式的一种，有许多生物，不一定要两性交接，仍能生殖的，那就说不上性行为了，但这不在恋爱问题的范围以内，我们不再多说了。

非常时的观念形态

——答夏士融君

一

这问题一提出来，恐怕有许多人先就要我们解释“什么是观念形态”。因为“观念形态”四个字在许多人的耳朵中，也许已经听得很熟了，但对于它的意义，却常是不十分明了，甚至于有的人全为不知道它是指什么。

薛君就是这样的，他的来信也只要我们解释

这名词的意义，但我们觉得，观念形态这东西，在我们的生活中有很大的作用，尤其是在民族危机严重已极的这非常时，它的作用更是不能忽视，因此，除了给薛君解释一下名词的意义外，还顺便讨论一下非常时的观念形态，这样，我们的答复可以更切合实际一点儿。

观念形态，也有人写作“意识形态”，两个名词意思全然没有分别，是大家知道的。它所包括的东西，就是文学、哲学、科学、宗教、道德法律之类，总之，是和社会的物质组织（如经济组织、政治组织、军事组织之类）对待的东西。

讲到观念或意识，我们平常人时时刻刻都有的，我们每做一件事，都要用自己的意识来评判一下，然后才决定做不做。这就叫作“考虑”，也叫作“通过意识作用”。我们做事都多少要经过考虑，也就是都要通过意识的作用。因此，意识或观念，在我们的日常生活中是没有一时离得开的。

为什么我们日常的意识不叫作意识形态，却单称作意识？这分别在哪里？例如哲学是意识形态的一种，在我们日常的意识中，又何尝没有哲学一类的思想？哲学上认为世界是变动不定的，我们在平常也会觉得周围的一切变得很快，这不是一种哲学思想吗？文学是观念形态的一种，文学里有时会描写被压迫民族抗争的故事，我们在民族危机的前面，也常有许多悲壮激昂的抗争意识，这和文学又有什么不同？信奉宗教的人，他的宗教意识是随时随地都会表现的，但个人的宗教意识，我们仍只能称之为意识，只有宗教思想的本身我们才叫作意识形态，这又是为什么?

二

要答复这问题，我们希望大家自己研究一下自己的意识。比如说我们有民族意识，这民族意识是指什么呢?民族意识是指我们心里能够觉到自己的民族应该有独立自由，遇到帝国主义来侵犯，我们就觉得需要用武装抵抗，认为自己本身也应该勇敢地走上民族战线的前线去。但一个人的意识绝不是这样简单的。一个人不但有着民族意识，同时也会打算着个人的事情，不但打算个人的事情，同时还混杂着各种新旧的观念。这样一来，使一个人的意识弄得很复杂。

我们常说某人意识模糊，所谓模糊，并不能呆板地照字面解释做“不清楚”的意思，意识所以会模糊，是由于意识的内容混杂，愈混杂，意识才愈不清楚。革命意识里夹杂着封建观念，这革命意识自然就含混了，一个民族的斗士不能把身家性命妻室儿女的观念抛开，他的民族意识就不会坚强，民族英雄会成压迫爱国运动的汉奸，原因就在这里。

无论什么人，他的意识总是多少有些混杂的，这就使得人的思想自己常常有矛盾。就是最前进的革命者，我们也不能说他全然没有矛盾。他所以能够不断地前进，是因为他能够不断地克服了落后的混杂的意识。反过来说，如果他让自己意识中的落后的部分占了优势，即使曾是最前进的革命者，也可以成为社会进步的敌人的。

为什么意识会免不了混杂和矛盾？原因是我们的意识是从实际生活中得来的。我们的意识就是我们实际生活的反映。每一个人的实际生活是非常矛盾复杂的东西，因此反映出来的意识也就不能不有这矛盾而复杂的现象了。

我们是半殖民地半封建社会中被压迫的民族，在我们的实际生活中，一般都感到民族敌人的重压，但各人的地位不同，各人都要在自己有限的地盘之内，替自己的生活打算，于是又感觉到有自己的小集团的利害问题。做商人的有商人的利害打算，做统治者的为统治权打算，他们的意识，都反映着他们的实际生活中的各种要求，这些复杂的成分夹杂在他们的意识中，于是和民族解放的意识就矛盾起来了。有的发觉真正的民族的出路只有武装抵抗，有的不愿抵抗事件的发生，始终要“和平”“忍让”，有的索性就露骨地投入敌人的怀里，成了明白的汉奸。各种集团的意识有这些不同，是因为他们实际生活的地位发挥着很大的作用。

三

因此，由于生活地位不同，人的意识也常是不相同了。反过来说，地位相同的同一集团的人，在意识上大体也常会一致，各个人之间的个别的差异或例外是不能免的，但同一地位的人，他们的意识总有一个共同的形式。能够代表某一集团的共同意识的形式，就是意识形态，或观念形态。

我们说哲学是一种意识形态，因为它常有一定的系统的理论形式代表着某一集团的人们的意识。悲观主义的哲学，代表着社会上没落的集团的意识，享乐主义的哲学，代表着颓废淫靡的集团的意识。我们说道德是一种意识形态，因为它也常是某一集团的人的共同意识的形式。男子在社会经济里占重要地位的时候，道德就拥护男人的利害，而有重男轻女的道德，这就是最显明的一个例子。文学也是观念形态，唯美主义的文学代表着社会上某些寄生集团的共同意识，因为这些人的生活脱离了现实。现实主义的文学是实践活动中的人们的主要的观念形态，因为这些人是能够面对现实的……

但重要的是，观念形态不仅仅是代表集团的共同意识，同时也是更明白更确定的集团的共同意识。一个颓废淫靡的集团中的人，不一定个个是十足的享乐主义者，在这样的个人中，他的享乐的意识是不会彻底和坚定的，但享乐主义的观念形态却不能不很彻底很坚定地主张享乐。这样，观念形态不但代表这集团的意识，并且是这集团意识的推动者。

这就是观念形态的作用。我们为什么要学社会科学，为什么要学哲学，为什么要学文学？有的人以为哲学空洞玄秘，科学对日常生活没有关系。有的人又高叫“文学无用”。这都是不懂得观念形态的作用的缘故。其实正确的科学哲学和前进的文学，是很能增进我们的意识，使我们的认识更坚定更明确的。反过来说，颓废的文学和不正确的科学哲学，又可以把我们引到邪路上去。

这作用，在我们的生活中是不小的，是无形的，说“无用”吗？其实它的用处是在无形中，这更值得我们注意了，正因此，这非常时的观念形态对于我们就成了一个重要问题。

四

中国目前的非常时期，在内部表现出不断的内战和严重的天灾，在外部是民族敌人得寸进尺的加紧侵略，然而最吃紧最重要的，还是这民族被侵略的危机。在这样的非常时期，民族的解放和民族统一的武装抗争思想，应该是我们共同的最主要的观念形态。一切的观念形态，都得要依属在这最大原则之下。

妥协、投降，固然要认为是和民族敌对的思想，就是主张忍让和平的观念形态，也认为是在事实上帮助了敌人的。每个民众应当有自动地积极地起来救亡救国的意识。逃避现实，苟且偷生，只求自己的闲适，不管国家大事，这种个人主义的思想，也是会断送民族生命的意识形态。实际上在这样吃紧的关头，要想单独找个人的出路，也是不可能的事。少数的个人虽然在串通了敌人的情形之下，得以苟且荣耀，然而大多数的个人的出路，是和民族的出路分不开的。个人应该随时有为民族战争而牺牲的准备，才能够英勇地为民族抗争而奋斗，这就是要打破个人主义的观念形态。

封建的观念形态，也是必须要克服的，只求一家的荣耀，不顾民族的利益，结果产生了“满洲国”以来各式各样的汉奸。束缚妇女的社会活动，厉行良妻贤母的教育，想把一半人口的民族生活力从社会上拖开，这也是封建观念形态的一例。

科学哲学在非常时期，应该集中在民族抗争的事实和行动的指示上，研究自然科学的人应该极力传播近代战争的技术上的知识，尤其是毒瓦斯战争和防御的知识。社会科学应讨论到民族解放的经济和政治上的各种实际问题，哲学应该不断地批判妥协主义者的理论基础，建立斗争的理论基础。

就文学来说，已经发生过的民族斗争中可歌可泣的事实，应该是它的最好的题材。目前所需要的文学是现实主义的文学，是暴露的文学，文学上要努力写出现实的真相，暴露一切侵略者和各式各样汉奸的丑形，应该表现出民众的愤怒和一切抗争情绪，使读者在活跃生动的描写中坚定起自己的意识。

道德宗教之类也是一样。譬如说什么“礼义廉耻”，我们就不需要把它弄成一些表面的无关重要的虚文的规定，却要从属于民族抗争的大目标之下，能够真正起来抗争的人，才叫作知耻。至于宗教，也是一样的，不管是什么宗派的人，应该在民族抗争的大旗之下联合起来，把民族解放的观念当作大家共同的最高信仰。

以上所举，不过是几个简单的例子，最详细的地方，是要多数的人自己来做的，改造观念形态，和改造社会是同样伟大艰难的事业。不单只是要有专门研究的人如哲学家、文学家、宗教家等来做，并且也要普遍的民众自己也努力做。譬如汉奸压迫民众爱国运动的情形，我们就不一定希望文学家从旁观的立场的描写，却更希望实际行动中的民众用报告文学的方式写出他的经历。

附录

中庸观念的分析

中庸是历来中国人眼中的真理，不，是至高的教义！若把中庸当作事物存在的原理之一看，那就用今日的哲学标准来衡量，它仍可以保持其一面的真理性。中庸学说所根据的前提是：事物的存在各有其自身适宜的限量，事物只能在此限量之内才有肯定的存在意义，越过自身的限量，则自身的存在也就要被否定了。某种行为在一定的限度之内可以为善，过此限度，则善的也会转化为恶。私有财产的积蓄，在某一定的程度内是社会繁荣的基础，过甚的积集却成为社会危机的因子，甚至于促成旧社会的没落。这一切，在现在是真理，在过去也是真理，在将来也未尝不会是真理，并且这样的事实也不仅仅是中国人独自专利的大发现，全世界各国各民族，对于这一点也多少总有一点儿知道，有所表白；不过所表白的方式各不相同，中国人特别夸大成为中庸的教义，而其他民族国家则有其他的说法罢了。在黑格尔，那论理学的质量篇中所说的一切，正符合这中庸教义所根据的事实，质量即在一定的量的限度内活动的质，也即是说事物性质的伸缩活动有不可逾越的极限，不越过极限，则质可以实存，越过极限，则原来的质的规定便被否定而突变为他种的质。这样，事物的存在必也是质量的存在，存在即质和量的统一，质的存在须以适中的量为前提。这是很明显很直接的真理，不单是中国人才有发现它的慧眼。黑格尔说：“诸民族将质量当作神圣。”（《论理学质量篇》）这告诉我们，即便是最迷信最落后的民族，也能知道一定意味上的质量意义。例如说过分的行为会遭神谴、受报应等，否定的权力虽然是归诸于神，而行为之所以被否定仍不外由于过分过量；这里也就有着另一种的（宗教式的）中庸观念。

中庸观念所根据的就是这很明显的事实，中庸观念之所以能成立，正就是由于其所知道的只是这样明显的、很表面的真理。中庸主义者为我们指出宇宙间有这样的现象：事物只存在于一定的限度之内，在此限度之外便成为另一事物；善有善的限度，恶又另有其恶的限度。然也仅止于指出了现象，叙述了现象，或把这现象神圣化，而不能说明何以有此现象。自然，他们所看见的并非不是真理，但只是停止于现象的真理；一面的真理；不能看见比现象更深的内在的必然的动因，所以对于这现象，他们是知其然而不知其所以然。也许有人要说：中庸主义者对于这现象未尝没有说明，中国历史上就有很多人说明过，例如文天祥的《正气歌》中的“正气”，若用来当作说明的一个代表，总不会有人反对的。气正则得其中而善，气不正则恶：孟子也常讲到“养浩然之气”。是的，这是他们的说明。但如果严格地一加分析，便知道这说明等于没有说明。这是一种“同语反复”（tautology）。中庸或善是什么？是正气。不中庸或不善是什么？是气不正。然而正气和非正气又是什么呢？表现为善的，就是正气，表现为恶的，就是非正气！结果，善是正气，正气也就是善。真正的说明，是要用一物的规定来说明他物的规定，正气对于善，表面上果然好像是一物与他物，很可以用作说明的。然而，现在是要用正气来说明善的，不料正气的本身却反而先要用善来加以说明。这就明明不是一物与他物，而只是同语异词了。这等于说狗是犬，说A是A，A究竟是什么，终于得不到任何规定！

这样，所谓正气，对于中庸仅只是一个形容词，而非说明的客语。正气一词的应用，仅仅是将质量推移的现象加以夸大，只足以使这种现象附上一道神秘的浮光，而使之神圣化，并不能阐明其原因。中庸主义者看见万物的存在都有着一定不移的质量关系，而又不能从质量推移的自身洞察到推移的原因，于是不得不假定一种神秘的力，作为主动的决定者，这就是正气这东西之所以产生：而实际上正气的本身就是尚待说明的。中庸主义者的正气之于事物，正如野蛮人的雷公电母之于雷电，也如牛顿的引力之于地球绕日运动，同是因为不明白事物自身的原因而不得不假定的神力。地球的绕日运动，在相对论者看来明明是物质空间本身的性质使然，而牛顿就不知道这种性质，故假定了类似幽灵的引力，作为说明的根据。相对论者嘲笑牛顿这种态度，说这等于在中世纪以前人类还不知道地球是圆形的时候，有人看见北方的两纬度间的距离较南方的同纬度间的距离为短，而莫明其妙，于是只得说在北方行走的人是被一种魔鬼（demon）的力量推快了他的速度（见Eddington的*The Nature of Physical World*一书中）。这种嘲笑，其实已不只是嘲笑，而且道破了很普遍的真理。"正气""引力"等以及一切神秘的、观念论的之所以能走进人类的认识领域中，其最大的原因之一，正就是由于人们只看见事物运动的表面现象，而不了解内部的事物自身之动因，因此不得不将这外在的神圣拉伕过来，作为冥冥中的支配者。推而言之，哲学上之有观念论，其主要原因之一，也不外就是由于哲学者只抓着表面的或一面的真理，而加以神圣化了的结果。

中庸主义就是将质量现象神圣化了以后的一种观念论。在这观念论之上，建筑起儒家的整个伦理系统“过犹不及”，适度的行为才可以是善，不及便没有善，而过度也将成为恶，故中庸主义劝人一切要适可而止，俾能成全其善。这里“庸”字也是很要紧的，“不易之谓庸”，中庸主义也可以说就是要“守中不易”，即以为能事事守中不易，则正气可以永远保持而达到绝对的善。因此中庸主义者也是形而上学者：他们设定了一个绝对不变的善的理想——中庸。“庸者天下之定理”，“中”是被看作定理了。善虽可以因为不中而转化成恶，但善的王国之本身是不变的。只有称为“中”的某些行为才算是善；于是乎有礼教，教人以如何守本分，行正道。

这中庸主义，虽然经儒家特别指示出来，而其观念的存在，实不限于儒家，就是在俗流的所谓道家的阴阳之说中也有的，例如什么“阴阳时位”之类的思想，也不外表明事物（大别为阴阳二类）各宜守其时刻，守其本位，一言以蔽之，万物须各安其本分，不宜互相逾越，否则宇宙的秩序便紊乱，生活就不得安宁了，这里有十足的封建主义的位阶主义的臭味！

根据事物现象中的善恶之推移，中庸主义者特别将他们眼中的所谓善提示出来，而名之曰中，用来作人类行为的规范。这里有一点要注意的，即所谓的“中”也是善的同语反复，不见得真有“中”那么一个东西的。凡行为之恰到善处，他们便叫作适中，故所谓中者，也就是恰到善处的意思，绝对的“中”是不存在的；宇宙间根本就没有一个标准来衡量什么是绝对的“中”，什么是绝对的“偏”，如恶的也未尝不可以说是都不成为恶，不偷窃自然不是恶，“窃钩者”就是恶，“窃国者”却反成为真命天子而“侯”起来了。故善的两端都有恶，恶的两端也都有善，说善的行为是适中的固然可以，说恶的行为是恰恰在中央的行为也未尝不可。忠君守分的行为在封建社会里可以说是适当的，被不良政治逼上梁山去做强盗的英雄们的行为，你也不能说是不适当。因此，如果把中庸当作存在的原理看，说事物的存在各有其中、各有其量的限度，是有一面的真理性的；若当作价值的原理而想赋予伦理的意味，则结果反而成为无意味。然中国的中庸主义者正是要把这空洞的抽象的“中”当作善的标准，故中庸主义之能成为主义只是似是而非的。

然中庸主义的致命伤还不仅只是这标准的问题。它所根据的善恶之推移只是表面的一面的真理，它不能从表面更深入一步去发掘其内在的动因，以致对于善恶的问题不能从事物的本身去求解，只能一贯地空立观念的标准而作观念论的解决，这才是它的大弱点。它从事物中取出他们眼中所认为的绝对的善，而要求人类能依着他们所定的标准将行为固定化。这表现他们保守的本质。他们所要求的不是前进，不是变化，而是凝固。这对于宇宙的现实就发生了冲突。宇宙是不断地运动变化的物质的有机体，没有一刻的凝固，中庸主义却要用他们那观念的至高理想推动事物，使“止于至善”。这儿的幻想诚然美丽，奈要欲强事控制事物则戛戛乎其难何？孔孟一生周游列国，弟子虽多，而其道至死不能行，可见观念论的伦理哲学者之倒霉！是的，孔孟的道虽不行，死后的几千年来却被人奉为至圣先师了，但中国却并不因为有中庸主义而曾得到过一时的真正的稳定。

如果不否认失败中可以得到教训，则中庸主义的几千年来的失败就很足以使人知道善恶问题的解决，并不是中庸的观念标准可以达到的了。

事物互相推移，互相关联，恶转化为善，善转化为恶。善固然在人类社会中有其地位，恶的存在也绝不因为中庸主义者的努力而就稍稍示弱。为什么事物不能屈从中庸主义者的观念的支配而必须固持其自身特有的运动，这当然有它自身的理由，这理由当然也不是由于什么“正气”“邪气”，因为“气”“力”之类只是神秘的形容词，同义语。要知道真正的内的必然的动因，必须从现象更进深入到那更深的事物内部的本质，找到本质的规定，才可以看见真正的理由。但这样一来，我们就必须超过了中庸主义所根据的一切表面事实。

前面就说过，中庸主义的根据在黑格尔哲学中恰当于质量。但质量的研究在他的论理学里才只是结果了存在论，从此还要开始本质论。这就是说，人类的认识达到了质量的阶段时，才只不过是完成了事物的一般的存在之认识；还没有发见本质，因此也就要更进而去掘发本质。发现了本质才知道质量推移的自己的真因，才能了解事物运动的内的必然性。

这一点就表明黑格尔的哲学中有比中庸主义更深刻更高级的东西。他不要根据表面的质量现象去妄定善恶的伦理标准，而要求在事物自身的内部发现那推移的必然推移的原因。善恶的产生和转化，是事物发展的必然的结果，不能因人心的好恶而使之倒置，人类的行为，不论是伦理的或其他的行为，都必须依循着事物的必然法则，也唯有知道了自然法则而依循着行动，这行动才能如意，才能自由，“自由是来自必然的认识”。反之，不认识必然，空定观念的标帜，想把天下万物都装进一个人为的棋型中，则这一种想望进绝不会达到的。“对于人类……他的行为里所发生的结果，常有和他所想想的完全不同（Es geschieht ihm……dass bei seinem Tun etwas ganz anderes herauskommt als er gemeint und gewoll，hat）”（黑格尔《论理学本质论》第三章）。依着自己所想望的善之标准去规定行为的人，所得的结果总是不如意的。因为他只有空洞的想望而不知道事物的必然。“圣人”“天才”常被人称为人傻子，就因为他们常是太彻底地固持自己的理想的缘故，固然他们的好的一面是不能否认的，他们的气魄也诚然伟大，能在人类历史上掀起大浪；但气魄的伟大用来坚持一面的理想，适足以造成伟大的碰壁而至于演出令人痛心的破灭的悲剧，此之所以为傻子。伟人却不是傻子而是伟大的聪明人。伟人与圣人天才相反，常常是能够成功的，因为他能实事求是。“实事求是”并不是像普通意味上的小心翼翼地循规蹈矩之谓，而是能顺循事物自身的必然法则以决定方针和动向之谓。现代人物中如甘地者诚然可以算作令人感动的圣人，但绝不是懂得历史的伟人，因为他太迷信消极抵抗主义的万能性，而把它夸大成不易的正道之故，这也就是一种的中庸主义。但要在会移易的社会状态中行不移易的主观上的正道，终于是失败的。史的唯物论者能走社会自身的客观的必然之道，因此史的唯物论者在人类历史中能够成功。

黑格尔，虽然是观念论者，但他的理论与唯物论者是多么接近！不能以主观的行为标准去决定事物发展的方向，而须以事物自身的必然的动向去决定行为的道路。“不是存在决定意识，而是意识决定存在”，这是黑格尔的哲学所给我们的结论，但它也就告诉我们何以它终于能倒转而为唯物论。但在这里，也许中庸主义者要投来一个大疑问：既然人类不能依善的标准而行动，却须以事实自身的发展去推波助澜，那如果事实是向着恶的方向发展下去，岂不适成助恶了么？既然知道是不应该助恶的，把一个善的规矩来作为约束和节制，不是总要好一点么？然而，这正是不知道本质的中庸主义者才会发出来的疑问。知道了本质，则不但没有疑问，而且对于善恶的问题还可以得到更深刻更真实的认识。在本质里，可以看见事物自身的矛盾的要素中现象的存在。事物各有其固有的质量，善就是善，恶就是恶，疆界截然有分，虽然能互相转化，却不能互相混淆，更不能自相矛盾。在这里，中庸主义者就可以找到固定的善的标准，然一进到本质，就可以看见事物自己内部的矛盾，而那种全无矛盾的绝对的善便不会存在。善的本质里就有恶，而"现象世界是恶的，本身世界则是善"（伊里奇《哲学笔记》第一册）。但这并不是说善恶不分或善恶没有标准，只是说事物从一方面看是善的时，从更深的一方面看去就会是恶。例如在法国革命时，在保守的封建贵族看来反对革命是一种善，而在市民阶级看来，则认为是恶了。但又切不可以把这误会作善恶相对论，切不可以为标准虽有，却只是任意的，你可以有你的标准，我可以有我的标准，不能强我之以为恶，同于你之以为善。如果这样，是非就没有一定，岂不成了虚无主义？但这里所说的善恶自身的矛盾，是限于发展的事物所具有的根本的矛盾，事物有发展的倾向，同时它自身却具有保守的外壳，例如封建制度就是发展向资本主义社会的社会自身的桎梏，在同一事物里保守的外壳与前进的努力对立的并存，就形成了本质的矛盾。保守者之所以为恶，就是前进者之所以为善。法国革命在前进的市民阶级认为是善的，在保守的封建阶级就认为是恶了。这样，善恶的标准就不是漫无限制的任意的标准；反之，在一切历史社会里，善恶的标准只有两种：一是前进者的标准，一是保守者的标准。保守者的标准着眼于所谓固有的美德之固定化，着眼于安分守位；前进者则不满于固有的道德，而企求新的道德，新的善。但新的善不见得会劣于旧的善，不，新的善才是更高的善。例如市民阶级如果能安分守位，使社会不至于发生革命，发生紊乱，这是保守的善，这当然有它的好处，因为可以免得内战和流血，但结果是使市民阶级感到压迫的痛苦，因为他们要发展而不得发展，于是革命终于要起来，打倒了旧制度而完成新的资本主义社会之建立。在这新的社会里，物质生产力就比较在旧社会里，多有了自由发展的余地，这是新的善，然而比保守的善是更高，更好，因为生产力的增加可以使人类的生活更加丰富的缘故。这里，中庸主义所认为恶的那过分的行为实际上反成为更高的善了。所以，从保守的方面看来，善是应该固定的，从前进的方面看来，善的本身却有发展，固有的善可以发展为更高的善，用新的更高的善之标准来衡量，则旧的固有的善就暴露出其恶的本质。善恶的互相转化，并不是什么“气”的正不正，而是社会生产力发展所引起的善恶标准之变化，生产力的发达之可能性

就是善恶推移的本质。这才是转化的

真正的说明。然中庸主义却认为只有一种不变的善，只有适宜而不过度的才是善，所以特别要称之曰“中庸”，就是尊重那行为之适中的，不变的，固定的方面。历史早经证明过法兰西市民阶级的过分的行为曾创造出更高的文明和更高的善了，所以事实上善并不是中庸的，而是有前进性革命性的发展的东西。中庸主义之主张不偏不倚，只证明它是保守的意识形态而已。

（一九三四年上海《申报月刊》第三卷第十期）

形式与内容

——答廖明君

形式与内容的问题，在不久以前曾经有很多人讨论过。这问题还牵涉到旧艺术遗产的接受及利用的问题，大众语的问题等，范围不小。但讨论虽多，却好像还没有什么结论似的。因为廖君来信问到，就趁这机会，我们也来讨论一下，想来还不是没有意义吧。

有人设了一个譬喻，说形式好比瓶子，内容好比酒。采用旧艺术形式而装入新内容，就好比用旧瓶子装新酒。这个比喻是最不正确，最危险的。因为，在这里，他们把形式与内容看成两件可以随便分离的东西了。这样的两件东西，虽然并不是没有关系，然而关系却不密切，没有酒，瓶子仍然可以存在，没有瓶子，酒还是酒。形式与内容的关系却不这样简单。形式与内容是不可分的。有一定的内容，必然就结合着一定的形式，有一定的形式，就必然表现出一定的内容，例如说水是内容，它就必然具备着那种流动体的形式，我们绝不能够像把酒从瓶子里倒出来一样地把流动体的形式从水上分离开。酒和瓶子的分别是机械论的分别，形式与内容绝不可以机械地分开。形式是内容本身所具备的形式，绝不是从外面装上去的东西。

瓶子和酒的比喻的第二点不正确的地方，就是，它把形式和内容都当作固定不变的东西。形式永远就是形式，内容永远就是内容，瓶子是用来装酒的，它永远就只是装酒，酒是被瓶子装的，所以它永远就只能被瓶子装，瓶子绝不能变成酒，酒也绝不能变成瓶子。两者不能互相转化，所以形式与内容也不能互相变化。这又是错误。其实内容与形式不但不可分，而且是能互相转化的。在一定的情形之下，内容可以发展而成为形式，形式也可被发展而成为内容。例如用中国文学上的变化来说，我们知道白话文是文学革命的结果，文学革命以后，中国人的文章才用白话的形式，为什么要用白话而不用文言呢？因为文言文是一种封建的，少数人的，贵族的形式。但白话绝不是凭空而来的。在白话文运动以前，我们有严复、梁启超等人的文章，他们所用的形式虽然仍是文言文，而内容已有着反封建的意识的萌芽，他们的反封建意识并不表现为形式，而只是蕴藏内部的内容，这潜滋暗长的内容，到文学革命时代，发展而成为白话的形式，这就是内容与形式转化的一例。又譬如我们开始来做一件新的事情，最初的时候，因为不熟习，每每有很多意料不到的细小问题发生，使我们不得不临时设法应付，于是应付临时的意外问题，就成了我们最初做事时的主要形式。但日子一久，对于这件事情熟习了，这事情的各方面情势在我们心中形成了一个很整然的系统，对于任何临时事情的发生及应付方法都已经有了把握，这时我们做事的形式就成为有系统的形式，一切意外事件都能系统地加以解决，以前的临时应付的形式便被发展而成为系统中的内容了。在这里我们还要注意的是，这新的系统形式的发生，也绝不是突然而来的。这形式在最初也只是作为内容潜伏着。我们最初做事时，在形式上虽然不能不临时应付意外的事故，但一切意外的事故都与我们所做的事实际上有着一定的联系，绝不是毫不相干的，因此我们所应付着的一切，在内容上仍是有一定的系统。因为内容上有一定的系统，所以后来才能发展成为系统的形式。这样，在这做事的过程的例子里，我们同时看见了内容与形式间的相互的转化。酒和瓶的比喻为什么不确当，我们由这一点就可以充分证明了。

内容和形式能互相转化，内容和形式之不能机械地分离，使我们得到一个结论，即新形式的发生，必须是由旧形式中的内容发展而成的。绝不是把旧瓶子揉掉而换上一个新瓶子那样的简单。比方蛋里孵出鸡来，是由蛋的形式变为鸡的形式，而这种变化，我们知道绝不是简单地把蛋壳揉掉换上一层鸡皮就可成功的。要使蛋变成鸡必须让蛋壳里的内容物自己渐渐地发展起来，然后才会冲破蛋壳产生新的生命。根据这一点，来解决利用旧形式，探求新形式以及承受文学遗产的问题，我们将得到怎样的结论呢?

根据前面所说，我们知道内容是矛盾的。在旧形式里，不消说总有着旧的内容，但同时也有新的内容在其中发展着。蛋的内容是卵黄卵白，但鸡雏也就在这卵黄卵白中发生，文言文最适合封建的内容，但同时也有反封建的倾向在潜滋暗长。新的形式就从这旧形式中潜滋暗长的新内容发展而成的。我们要利用旧形式，并且可以利用旧形式，原因就在于这种关系。利用旧形式的目的，并不是要机械地将那旧的外壳套在新的内容上，绝不是要将新内容囚闭在旧形式中；反之，是要在旧形式中注入新的活力，新的内容，使这内容终于会突破旧的外壳，而显现出自己特有的新衣裳。这好比将一颗新的种子埋进旧的腐土里，其目的绝不是永远埋葬，而是要利用旧土地上的滋养料，使种子能够开裂、发芽、生长，终于成为新的植物。所以，利用旧形式与探求新形式绝不是两件绝对对立而不相干的事，利用旧形式也就是探求新形式的开端，前者实在是要达到后者所必经的阶段。

利用旧形式的目的，绝不是要与旧形式妥协，而是要促进旧形式自身的崩溃，而是要钻进旧形式的心窝里去制它的命脉，我们利用旧形式，始终要抱着斗争的态度，始终要为着打破它而利用它。如果旧形式已到了可以打破的时候，我们就要毫不踌躇地打破它，立刻建立起新的形式来。如果可以打破而不打破，或者已经被打破了的还要去拿来用，那就不能算作利用旧形式，而是与旧形式妥协了。因此，现在如果有人出来主张恢复文言文，而口里还要美其名曰利用旧形式，那就明明是骗人的话，因为文言已经被白话所打倒过，现在还要恢复，那就是与旧形式妥协，那就是开倒车，绝不能算“利用”。

文学遗产的接受问题，也可以就此解决了。听见别国人家在接受文学遗产，于是自己也主张要翻印《四库全书》。这种模仿的心理虽然伶俐，然结果也只等于猴子学人剃胡须，人剃去了的是妨碍卫生的胡子，而猴子却割断了自己的颈脖！人们接受文学遗产是要从里面找到滋养的食料，以助成新兴的文学，而自己却只想把自己埋葬在粪堆里。人们因为要找真有滋养料的遗产，所以特别注重托尔斯泰等比较接近现代的伟大的写实的作家，自己却以为凡一切旧的东西都是可以接受的遗产，于是把千年以前的垃圾也看成神圣不可侵犯，接受遗产的意义是否如此呢？这问题许多人已经讨论过，我们不必多说了。

（一九三四年十一月上海《读书生活》杂志创刊号）

意志自由问题

——答许北辰君

意志自由的问题，似乎很陈旧，但其实也很新鲜，过去的哲学上已经讨论得很久，所以觉得陈旧。但这问题与我们的生活很有关系，而过去的哲学十之八九讲的是抽象的空论，与生活事实隔得很远，所以，如果从生活方面讲起来，这问题仍然很新鲜，仍然值得我们研究。最近，有些杂志上是有文章讨论到这问题，也还是照样的一些专门的艰深的理论，许君看了不懂，要求我们做一个浅明的解答，其实这问题本来可以解答得很浅明的，我们就趁此机会来讨论一下吧。

观念论的哲学以及一切旧的哲学，对于这问题大都只有两种解答：或是认为意志完全自由，或是认为意志一点自由也没有。主张意志完全自由的人，他们的立论不外是说人类的行为完全受自己的良心的命令，意志就是良心的表现，良心要怎么就怎么，没有任何规则可以拘束它，也没有任何原因可以改变它，它的发生和消灭，也不是由任何条件所促成，而是自生自灭，全然不能用理论来加以说明。主张意志没有自由的人，意见恰恰相反，把人看作一架机器，把一切行为比作机械的动作，人的行为在他们眼中，是一点儿也不能自主，完全被外来的条件决定了，完全是因果法则之下的奴隶。最近《东方杂志》上登载的两篇文章恰恰每一篇就代表了一种主张。

意志自由与意志不自由，这两种主张是互相矛盾的。旧哲学观察事物，用的是形式论理学的方法，不能把互相矛盾的东西统一起来，所以，主张意志自由的人，就把意志看成神出鬼没、不能说明的怪物。反之，不赞成意志自由的人，就完全将自由抹杀了，把生人看作死的机器，于是就成了绝对不能相容的两种主张，其实两种主张都是歪曲了的，并不与事实的真理一致。先就第一种主张来说罢，试问人类的行为，有哪一种是不能说明的！小至日常的吃饭睡觉，可以用生理上的需要来说明，大至社会问题，也可以用社会关系上的种种矛盾来说明。乡下人因为农村破产把自己的儿女拿到城市上来兜卖，这是良心驱使的吗？都市上的失业者，穷得没有办法，只好做小偷，这也是良心可以说明的吗？店员学徒们牺牲了自己读书的时间，来替老板们一天到晚做倒茶、装烟、提马桶的事，难道是自己的自由意志不愿意读书吗？总之，无论什么人，只要自己稍稍反省一下，就晓得自己的行为总是有一些什么条件逼迫着自己不能不这样做，绝不是没有原因的。完全自由的意志，除了是在说梦话以外，谁也不敢相信。有的人也许要说，现在所举的例子，都是一般庸俗的普通人的生活，普通人的意志是不能自由的，只有英雄伟人的意志才能够自由，只有英雄伟人的行动才不受拘束。其实英雄伟人的行为，也是有一定的历史条件的；在某种的时代之下，只有某种的英雄。在今日的中国，不管是多大的英雄，要想做清朝时代同样的皇帝，绝对是不可能，因为现在不是那样的时代，没有那样的环境了。如果我们听从了意志自由论者的主张，以为英雄的行为真是神秘莫测的，我们势必因此成为一个英雄崇拜者，完全拜倒在英雄的铁蹄之下，不相信自己的力量，这样一来，民众就要成为完全驯服的顺民，倒真的便宜了英雄们了。所以，意志绝对自由的学说实在是一种骗人的学说，它里面有着很浓厚的麻醉性。如果我们不是甘心被骗的人，那么对于英雄们的行为切不要看得那么神秘高深，我们务必要从这英雄所处的社会环境的种种条件来了解他，研究他，然后还要评判这行为在社会上是否是正当的行为，是能促社会进步的，抑或是社会进步的阻害者？这样，我们才不至流于盲从，不至受到欺骗。做一个觉悟的民众，不盲从，不受骗，是起码的必要条件。单就这一点来说，也就可以断定意志完全自由的学说不是值得民众来相信的真理。

不相信意志完全自由了，那怎样才好呢？这时，你又会遇到机械论者从另一方面来想把你拉入迷魂阵中，他会说，意志是完全没有自由的！你的一举一动，都有一定的原因决定着，一定的条件拘束着。你现在的生活，是被你的环境条件限定了，要想动一动，是靠不住的，服从着你的命运吧！这样，我们可以看见，主张意志没有自由的机械论者，结果是要你相信命运论，说世界的一切就好像神灵安排好了的一架机器，一切都固定了，没有动一动的余地，所以一个人只能听天安命，服从环境，不必想挣扎，不必想向上，这不是和前面主张意志完全自由的人差不多吗？所不同的，只是观念论的意志自由论者，叫我们盲目地崇拜英雄，服从英雄，机械论者叫我们在命运下面屈着，不要妄想翻身。自由与不自由这两种完全相反的主张，结局仍是走在一伙儿，要我们做普通人的只管屈服，不怕肉给别人割了，血给别人喝了，还是要屈服。

观念论和机械论的意见是如此，我们的意见又怎样呢？我们的意见不是故意要标新立异，或是要使它有眩惑麻醉的作用，我们的意见是要根据事实的真理。我们不相信意志不能说明；人类的行为，都有原因可以说明的。上至英雄伟人，下至平民百姓，他们的行为，都有一定的事实条件做基础，绝不是来自神秘莫测的什么“良心”，就算是有“良心”这东西，则“良心”的本身也是根据一定的事实条件而产生的。在封建社会之下，绝对服从君主，是那时代的“良心”，而在民主时代，绝对的服从就不是“良心”的命令了。“良心”的本身尚可以说明，则由“良心”所产生的意志自然更不是没有任何原因就能凭空发生的了。但是，如果意志是有原因而可以说明的东西，人类的行为就是完全不能自由的了吗？旧哲学因为拘束于形式论理学的缘故，就会说是的。他们认为自由就是丝毫无限制的意味，与条件和原因是势不两立的东西。有条件有原因就没有自由。意志既然可以用一定的条件和原因来说明，自然就是完全不自由的了。但这是因为思想受了形式论理学的束缚着的缘故。如果我们用新的论理方法来把握，那么意志自由绝不是和原因条件势不两立的东西。意志是可以用一定的条件和原因加以说明的，但在这一定的条件原因范围之内，还可以有一种自由。

这是怎样的一种自由呢？

我们先要指出人类的行为和无生物的机械运动变化不同。石头的下落，水的结冰，是无生物的运动变化。这些运动变化，有着一定的法则，运动变化中的物体，是盲目地依从着这法则而变动，没有一点儿意识，更没有丝毫自主的作用。把石头从窗口投下，它就自然地落下绝不会表示不愿意下去，而要想反转来。人的行为却不是这样简单，人对于自己的行为，是能够自己明白的，当一个人要做一件事的时候，对于这一件事情的结果，多少能预料到几分，根据着这种预料，才决定自己的行动。如果觉得结果会危险，就只好停止，如果觉得结果一定好，就努力地做去。所以，一个人面对着一件事情时，做与不做，自己有选择的能力，也就是有选择的自由，能选择就是一种自由。

选择的自由当然也不是绝对的，譬如我们从高小学校毕业了，想要继续升学，但家庭里的经济情形不许可，没奈何只好去做人家的学徒。这是由不得自己随便选择的事，因为环境的条件逼迫着你不能不如此，否则就要饿死！但是，当学徒也罢，在学徒的生活之下，仍有许多事情让我们选择的，或是昏昏蒙蒙，就这样安于学徒的地位，不再努力寻求认识，或是在学徒的困难情形之下，仍然尽可能地找读书的机会，加强自己对于环境的认识，有一天或者甚至于可以借此克服困难的境遇。在这些地方人的行为是有一定限度的自由的。虽然不能超过一定的限度，但在这一定的限度之内，如果我们能找到正确的道路，那么，就可以从这种限度之中渐渐发展起来，甚至于打破了这种限度。这种在一定的限度之内选择道路的自由，就是相对的自由。人类的意志，是有相对的自由的。

因为自由只是一定的限度以内的自由，所以我们不必相信有神秘莫测的英雄意志，英雄的行为仍是在一定的历史范围之内的产物。因为虽然有一定限度，究竟还是有自由的，所以我们也不必抱着悲观绝望的宿命论的见解，而应该取积极的态度，对自己的环境作不断的斗争，要紧的是要能够选择正确的道路，使自己的行为能够在推进社会的工作上发生效力。因为我们生活的困难，是整个社会制度不良所引起的，要想单由个人身上来解决困难，多半是靠不住，尤其是在这世界经济发生了总危机，中华民族已受到极度的压迫的时候，我们更应该明白我们这相对自由的意志应该用在什么地方。

但要选择正确的道路，第一要紧的事还是认识，要认识清楚了我们的周围，才可以知道什么是正确的道路，才可以决定我们的实践。没有认识，我们的行动就成为盲目的行动，唯有认识，能帮助我们的意志发挥其自由的力量。关于这一点，可以举一个很好的例子：历史上有许多大革命家，他们的出身是贵族阶级，而行动却是平民的行动。主张意志绝对自由的人，每每用这例子做他们立论的根据，说英雄的意志不能用社会地位来说明，因为那是绝对自由的缘故。其实这并不是绝对自由，而正只是相对的自由。因为这样的革命家，他们是认清楚了贵族必然要没落，认识清楚了要由平民来推动着社会前进的，所以毅然地离开了自己的地位，起来与平民一致行动。他的革命的行为，还是由认识得来的，还是因为认识清楚了一定的社会法则而取的行动，这还是可以用社会的条件来说明，不是绝对的自由。不过，他能够借认识帮助着自己的行为，使自己成为一个前进者，避免了落伍的命运，这一点，就是他的相对的自由。

（一九三五年二月十日上海《读书生活》第一卷第七期）

从新哲学所见的人生观

一　人生观的主观性

提到人生观的问题不能不使我们想起十年前科学与人生观的大论战。论战的导火线是被称为玄学派的张君劢先生的一篇演讲。他在那里宣言了人生观与科学的势不两立。其最大的根据，就因为“人生观之中心点是‘我’”。

以“我”为根据，于是张先生推论到人生观是“主观的”，“起于直观的”，“综合的”，“自由意志的”。这，据张先生说：是恰恰与科学相反，因为科学是“客观的，为论理方法所支配的”，“从分析下手的”，“为因果律所支配的”[1]，科学的这一连串的特点都和人生观完全背驰，故人生观不能与科学两立。

我们并不要向那次论争中深入。现在提出这些来，是因为它是人生观问题的中心，换言之，关于人生观问题的任何争论，在理论上可以都说是以它的主观性和自由意志为中心点的。就以那次论战来说，其社会的根据固然代表着进步的民主思想与复古的倾向的对立，而在论理形式的表现上，仍不外是主观与客观，自由意志与因果律之争；争执者的一方抬高了主观性与自由意志而贬低了科学的价值，另一方面，为拥护科学，不得不高举起客观的因果律的旗帜。

主观性与自由意志之成为人生观的中心问题，并不是偶然。人生观的本身，本来具有主观性的要素，它的对象是人类自己的生活，而人生观就是人类对于自己的生活的认识、评价，以至于理想和要求。人类的生活和自然的现象又是不同的，石头的落下、海水的蒸发、光的传射、电的中和……这一切自然的现象，无不是在一定的法则之下的盲目的运动，而人类的活动则是有着它的特有的目的性，每个人在这社会人生的机构中都抱着他自己的欲望和意志，思想和感情，每个人对于自己的行为，在一定的范围内都有着选择的能力，虽然这选择

---

[1] 引号内字句见《科学与人生观》一书的《人生观》文中。

的能力并没有绝对的自由，街头的乞儿绝不会走进跳舞厅，但在客观条件容许的一定的限度内，人是依着他自己的决断去行动的，这对于他的主观，就给予了一定的能动性，而显现出意志自由的外观。只要我们不否认人类生活的这种特点，我们也不能反对以人类生活为对象的人生观，它的内容与自然科学当然不同，因为自然科学所处理的是机械的盲目的运动，而机械的因果的法则绝不能说明人类的带有能动性的主观。

张君劢先生抓着这点不同，想使人生观和整个的科学绝缘。这不仅因为着了玄学鬼（就是形而上学）的附身，也因为人类生活本身的这一面，确然有容易使人着迷的地方。人生观是人类对于自己生活的见解和认识，人类的行为，在一定的限度内，既然是依着他的意志和愿望而行动，则对于生活的见解和认识也当然表现了他自己的理想和希求。这就是人生观的本身的主观性的要素。这主观性的要素不是自然科学可以说明的，然而张先生以为自然科学就是科学的全部，所以又以为整个的科学也不能说明，于是玄学鬼趁机而入，将意志大大地抬高了，使人生观成为绝对自由，不受因果律支配的创造物，而在科学之外独立起来。

主观性的要素是玄学鬼的作祟的中心，也就是人生观领域内决定科学的生死存亡的中心，因此就是整个人生观问题的中心。或是让玄学鬼支配着人生观，或者让科学来打退玄学鬼，其先决问题就要能驾驭这有着自由外貌的主观性。而在科学与人生观论战的当时，那些为科学守护的战士们，除了一个人的例外，全都可以说是只知道用自然科学作唯一的法宝，而不很相信社会科学。以自然科学作唯一法宝，势必要把人类生活中的意志现象，与人生观中的主观性，看成和自然界的机械运动同一样的东西，终于走上张君劢先生所谓的“机械主义”的道路上。然而意志现象和主观性不是机械运动，要勉强使它们同一化，是一件很愚拙的事，于科学的营阵里自己碰了壁，也感觉到机械主义有很多不能解释的东西。最初有丁在君先生的“存疑”，最后又有吴稚晖先生的“那不可知的区域里，责成玄学鬼也带着理论的色彩在假设着。”而张君劢先生就此可以出来高呼“科学家站开，且让玄学家来解疑”了。机械主义是无力和观念论对抗的！

新哲学一方面反对观念论，一方面和机械主义作战，要在这两条战线的夹攻中，打出一条血路来。这就是说：不能把人类生活中的意志现象和自然的机械运动同样看待，同时，也不让玄学鬼有作祟的机会，而将具体的解决权交与研究人类生活的社会科学。交给科学，这是说哲学自己用不着管了吗，不是的，这不是无责任的移交。这项移交，也有着它的前提条件。新哲学对于人生观的主观性和自由意志性这根本的中心问题，不能不先有一个很好的解决。倘若主观意志始终在云里雾里的天空中“自由”飘荡，没有办法把它拖回物质的地上来，那怎能容你移交，所以，新哲学必须指出，主观没有绝对的能动性，而意志不是绝对的自由，能动性和自由的活动最后仍被包摄在一定的客观规律和科学法则中，这问题解决了，才可以对社会科学说：“这也是科学可以支配的，让我们再更具体地研究一下罢！”

我们看新哲学怎样解决这根本的中心问题。

二　主观与客观

主观乃对客观世界而言。在观念论者看来，主观对于客观有绝对的能动性，主观能自由地改变客观，创造客观。“不是存在决定意识，而是意识决定存在”，这是典型的观念论的公式。主观既被提高到创造主的地位，它自身必然成为先于客观世界的至高无上的存在，这是走向有神论和宗教去的桥梁，而为唯物论所最要反对的。实际上，主观生活只是人类生活的一面，而人类生活又只是客观世界的一部分。因此，主观必以客观世界为基础，它发生于客观世界里，作为客观世界发展的一定阶段上的产物。不是主观创造客观，而是客观产生主观。这是一切唯物论所共通的理解，也是新哲学的最起码的观点。

主观是客观世界的产物，且作为客观世界的一部分而存在，在这样的意味上，它与客观是统一的。但既名之曰主观，则在统一之中就有了差别。这差别是以怎样的特征显示着的呢？由机械论者看来，在整个客观世界的体系上，主观与客观是根本没有差别的。

两者只有全体与部分的关系，所以也只有全体与部分的差别。十八世纪的法国唯物论者说人完全是环境的产物，吴稚阵先生以为："动植物且本无感觉，皆止有其质力之交推，有其辐射反应，如是而已。"这样，主观成了客观世界中一切质力交错之一种形态，一种作用，根本已被解消于客观之中，对于客观不更有对立的作用或积极的能动性，它只是被产生出来，消极地被机械的法则决定着它的一切活动。

机械论者的这种理解，是不能圆满地说明人类生活事实的，主观的能动性只是被抹杀了，但人类生活的现实的事实仍现身在他们的论理里，使他们不知不觉地打了自己的嘴巴。法国唯物论者，主张人类是环境的产物，反过来又高唱理性改造环境。胡适之极口称赞吴稚晖先生的漆黑一团的宇宙观，忽然又认为历史的变化"似乎应包括一切心的原因"，理性的改造和心的原因，不是又抬高了主观的能动性了吗？这是机械主义的自己矛盾，自己败北。然也不仅仅是机械主义者的自己矛盾和败北，也证明主观的能动性不是可以抹杀了事，而应该加以正当的把握。

关于主观和客观的统一和差别，费尔巴哈的见解也不能不提一提。因为费尔巴哈的见解并没有真正超越了机械的唯物论，而竟有人把它看得和新哲学一样高。费尔巴哈眼中的主观，也只是客观的某种形式上的表现，而不是能与客观起对立作用的。王特夫先生在论理学体系里引用了他的一句话：“我感觉和思维的时候，绝非站在客观对立的主观的地位上，而是站在主观兼客观的地位上。在我看来，客观不仅是可感觉的对象，而且也是我的感觉之必要条件的基础。客观世界不仅在我之外，而且也在我的本身，也在我自己的骨肉里面。”这样的主观，它本身也只是一种的客观，只不过如王先生的意见一样，“在自觉的立场上是主观的”，而“在从客观的完整体系的自然世界来说，则是客观的”。这样来了解主观与客观的关系，还不是等于将主观消解于客观，更具体地说，主观与客观只有差别，而无对立。王先生的论理学是标榜用新哲学来处理的，而竟和费尔巴哈同样地落进旧唯物论的老巢里去，不能从对立的方面把握统一中的差别，这是很值得注意的歪曲。

由自觉的立场与客观的完整体来表示主客的差别，也即是由人类生活的内外两面来表示主客的差别，这差别，是静态的，抽象的，费尔巴哈以及旧唯物论所理解的人类本来是抽象的，“一般性”的人类，因此他们所了解的主观，也只是抽象的内在的主观。然而在新哲学的理解之中，这种用深宫禁苑来闭锁着主观的行为实在大可以不必有的。新哲学首先要求从具体的方面来了解人类，把人类当作一定历史社会构成的担当者来观察，也即是当作历史的活动之一成员来观察。所谓历史的活动，就其基础的性质来说，是物质的生产活动，一般地说来，也就是加尔所谓的“有对象性的活动”（见费尔巴哈论纲）或实践。在社会条件之下，加劳动于一定的对象，以改变对象克服对象，这就是人类的历史活动。主观与客观的差别，到在“有对象性活动”中具体地显现着的，人类不仅仅是从内的自觉上看的主观，作为与对象对立地活动着的主体，这才是现实的主观。主客的统一中，不仅是抽象地有差别，而且是在实际上有对立、有矛盾、有斗争。主观对于客观是能动地作用着的，是能将客观施以加工改造的。

但这主观的能动性，在新哲学里，并不会被抬高到创造主的地位。人究竟是一定的历史社会构成的担当者，客观的社会法则存在于他的主观之先而成为主观活动的规定者。主观的活动最后仍是在一定的历史条件范围以内的活动。因此，它的活动是有限的，它的能动性是相对的。自然，虽说是相对的，而在相对的情况之下，它还是不失其能动性。在客观法则运动的范围以内，对象的改变仍有待于主观活动的加工，主观的活动只是被规定，而不是纯消极地被决定，不是机械的宿命。没有抵抗的活动，谁能说“一·二八”战争能支持到一月的？

一定的社会历史条件是些什么？主观的能动性是怎样地被规定？这具体的说明，是社会科学的任务，这里可以省略不提。总之，那主观的活动虽然是相对的，却有了能动性。能动性的显现形态就是意志，意志这概念的本身，本来含有着自由的意味，也即是无因果性必然性有着对立的意味。然则在主观的相对能动性之下，对于意志自由与因果性的关系应该给以怎样的理解呢？

三　意志自由与因果性

在观念论已经说过，主观是被形而上学地夸大了，成为绝对能动的主体。主观的能动性既是绝对的，则意志的自由也是绝对的、无拘束、无滞碍，因果性不能加以制约，客观条件不能给以规定，这是观念论者的意志，也就是我们在人生观论战中所见的张君劢先生的意志。但新哲学已经看见主观的能动性只是相对的，客观的历史条件规定着它的活动，因此，意志的发现和归趋也必然是以它为根据；也就是说，主观活动虽然表现着意志自由的现象形态，它的基础仍是因果性和法则性。以因果性和法则性作意志的基础，是一切唯物论（也包括新哲学）的观点。但旧的机械唯物论虽然反对观念论形而上学夸大了的绝对自由，回过头来又把机械的因果性投进形而上学的幻境中，也使它绝对化整个的世界成了机械的世界，赵然的世界，虽然唯物论与神学势不两立，还不至于成为宿命论，但绝对化了的必然性，却很难有意志立足的余地。哲学史上第一个特别把必然性提高了的人，是斯宾诺莎。他虽然也论到自由，但结果却证明自由也只是必然性的一面。在他所谓自由，也就是依着必然性存在下去的意思。例如石子向下滚，是石子的必然性，愈能滚动不止，则石子也就愈觉得自由。因为自由和必然性是完全一致的，故斯宾诺莎认为人类若要自由，只有顺应着必然性而生存下去。然而要能顺应必然，必先对于必然性有所认识。不认识清楚，怎知道从何去顺应起呢？于是就有了他的一句名言："自由就是必然性的认识。"

斯宾诺莎的见解是机械主义的正格的见解。法国唯物论者的见解虽然与他有点儿不同，但那是由于他们的不彻底，既认为人类完全是环境的产物，又对人类理性给以改造社会的自由。这一点，是反而替观念论主张了。如果贯彻着机械唯物论的主张，则应该像斯宾诺莎一样地将自由解消在必然性中。对于自由的要求，只能以认识自然为满足。

然而新哲学告诉我们，自由的意志并不仅在认识和顺应必然的行为上就能成立。意志的主观虽然被客观的必然条件所规定，但并不完全是消极地被决定了的东西，它的活动对于客观发生着相对的能动作用，故意志也不只是必然性的消极的一面，也是在“有对象性活动”中显示着自己的。意志的自由也就是改变对象和克服对象的自由。如果仅以顺应必然性为自由，那么未克服的对象对于主观活动的阻碍，也是一种必然，对于这样的一种必然而要讲顺应，这并不是自由，而是屈服。有人说：社会科学预言将来的社会是必然要到来的，既是社会的必然，人何必要为着它的到来而多事地努力和争斗呢？其实必然性本身是有矛盾的。社会的进步是必然，而进步过程中必有保守的阻力，这也是一种内在的必然，进步的必然性不进而克服了这保守的必然，进步就必不能成为现实性，这里，就说明为什么需要人的努力。于是可以知道，自由不仅是顺应必然性就能成立，而是要依着必然性去克服必然性的体系自身的矛盾，才能显现的。单单认识了自己的主观意志为客观条件所规定，这还只是在必然性中，而非自由，因为这里的意志还只是消极地被决定着的东西。意志只在成为行动而实现而贯彻的时候，才扬弃其被规定的地位，而转入规定者的地位，这便是自由。我们是被侵略的半殖民地的人民，譬如我们有反抗的意志，这是客观条件所规定的必然性。但侵略者的压力是很大的，这也是必然性。单单知道了这些就算自由吗？反抗的意志如果不进而实现为克服压力的行动，这仍然是奴隶。

认识和顺应必然，最大的能事只是现状的继续和本性的保持。斯宾诺莎的唯物论不是辩证法的，他看不见必然的矛盾，因此流入这种顺应主义。辩证唯物论的“有对象性的活动”则在于改变周围，同时改变自己的本性，人类社会的发展和进步，基础就在物质生产方面的“有对象性活动。”

四 目的性

但这绝不是说，在改变对象的活动中，人类全不需要认识。认识是必要的，认识能帮助我们找到正确的活动的目的。

目的是意志活动的中心，随时随地指示着活动的方向。改变对象即为着要使一定的目的实现。这有目的的活动，是人类生活所以不同于自然现象的特征。自然现象虽然有运动，但不会替自己规定一定的目的。自然现象中没有主观的能动性，也就因为没有运动的目的。自然现象中没有意志现象，也就因为机械运动并不要实现任何目的。人类的活动有一定的目的，为着目的，才有意识地与客观对立起来，而成立了矛盾和斗争。

但目的也自然不是从天外飞来，那规定着主观的意志活动的同一客观条件，也规定了人的目的。“人类的目的是因着客观世界而产生，并以它为前提”（依里奇《哲学笔记》第一册）。因此也常是在一定的限定的条件之下成立的。在资本主义机构之下活动的产业主，不以利润增大为目的的，是绝对没有！清朝的所谓读书人，不以荣华富贵为目的的，也可以说没有。在限定了的条件之下，有着限定了的目的的人类活动，他的目的的实现，也当然需要着限定的条件。实现目的的可能性，不会是无限的，有时仅是一部分能实现，有时是全不能实现，黑格尔也说："目的是有限的，所以也只有有限的内容，因此，目的不是绝对的，它的本身并不完全合理"（《论理学》第三篇客观性章）。又说"他（人类）的行为里所发生的结果，常有和他所想望的完全不同"（同上第二篇现实性章）。黑格尔虽然是观念论者但剥去了"合理""绝对"之类的观念的形式，就可以看见新哲学的内容。他不像一般观念论者，把目的看成不可动摇的东西。现在中国内地里为企图荣华富贵而读书的人，并未完全消灭，而这目的在今日的社会条件之下已全然不能实现。利润增大的目的，在无政府生产制度之下，终于有一天会受到恐慌的打击。这说明目的与客观条件不能一致时，会发生怎样的结果。

目的不能实现，是因为客观世界的运动消灭了实现的条件，也因为局限的目的蒙蔽了主体的眼睛，使人看不见客观世界的运动，这就是认识不够。常识的认识都是浮浅的、片面的、不完全的，而太局限的目的，正是根源于不完全的认识。

对具体的完全的（虽然不是绝对完全）认识必须求之于社会科学，唯有真正的社会科学的认识可以帮助我们打破那眼前的、局限的、硬化的、俗物主义的目的，而找到更能把握着客观世界之运动的正确的活动目的。

人生观是人类对于生活的见解和认识，一个人的人生观也就包括他的目的在内。社会科学能以客观的物质条件说明主观的能动性，因此，也能说明人生观，说明各种各样的人生观是发生于怎样的物质基础，说明它的局限性和不完全性，并能找到什么是更完全的目的。在这一切的意味上，科学的法则是能够说明人生观，支配人生观，改正人生观而且应该让它来改正的！

（一九三五年二月十日上海《新中华》第三卷第三期）

论爱国主义

一切名词和概念的应用，都是有历史性的。同一名词因它出现的历史时代不同，就有不同的内容。辩证法这名词，在古希腊时代，只是指一种辩论的方法，以至于求知的方法。而在近代，却明白地用来代表世界和思维发展的根本法则。浪漫故事在中古时代是指骑士和美人逸话，近代浪漫主义却另指文学上的一种派别。在近十几年来，浪漫这名词在中国人日常谈话中常常谈到，那又是指生活没有规律的意味。如果现在有人反对谈辩证法，说这是复古，说这是回到两千年前的希腊时代，那必然要被人笑他无理取闹。如果有人认为浪漫这两个字用不得，因为现在已经没有中古的骑士与美人了，这也难免要被人看作愚顽糊涂的罢。

名词是给人应用的，人的时代不同，这名词的用法也就不同，它也就被人给予了不同的时代意义。要紧的问题，是名词的时代基础是不是存在，新的内容和意义是不是存在。对于一个名词的评价，也就要从这具体的时代的事实上去判断。我们虽然不赞成像胡适先生那样，去谈具体事实而反对用抽象名词，但我们也反对专从抽象的凝固了的意义上去推敲名词，而忘记了它的具体的时代内容。

这种情形，似乎是不会有的。谁会把目前常常听到的辩证法误认作古希腊的辩证法呢？谁会在听见人说某某行为浪漫，就把其误认作中古的骑士呢？除了患神经病的人，怕不会有这种时代混乱的怪思想吧？然而不幸得很，这种时代混乱的怪思想，却常常会在非神经病者的“理论家”“哲学家”中间发生出来。

譬如救国和爱国这两个名词吧，在中国这两年的危急存亡的关头，是被全国人迫切地提出来，当作政治文化运动的总目标了。自然，这名词在过去也曾被人利用到坏的倾向上去。国家主义者曾经用“国粹”“爱国”的名义替北洋军阀服务过，帝国主义者曾用国家的名义号召他们的劳苦民众去进行侵略的战争，社会爱国主义者曾经用保护祖国的名义把工人驱使到第一次世界大战的战场上。但很明白的，现在谈到“爱国”“救国”，是有着现在的时代的根据，和国家主义社会爱国主义的爱国救国完全有着不同的内容。现在来批评爱国救国这名词时，只能问它在目前中国民族的生存上是不是有着迫切的需要，是不是有着进步的意义。如果撇开了这具体的内容不讲，单把过去被凝固被恶化了的意义拿来充填在它里面，以为凡是谈到爱国的人，就是国粹主义者，都是社会爱国派。这种思想，在哲学和理论上只是没有历史眼光的形而上学的思想，在表现上只是一种神经病的无理的痉挛的叫喊，而在实际上，却是对于前进的纯洁的爱国人们的卑劣的诬蔑！

中国目前的危机，也是民族的危机，救中国，也就是要救民族。于是有的人说，现在只要民族主义就行了，爱国主义的名词可以不必要，固然，中国的整个问题本来是民族解放的问题，民族主义是不错的如果有人一定不高兴爱国主义这名词，只要不是另有作用，只要他真的为民族而战，何必一定要争执一名词的统一，事实也不是名词可以统一得了的。我们现在要注意的是事实的发展，民族的危机发展到近两年来，已经临到了国土沦丧、国家存亡的关头，在这紧急关头才促成了遍及全国的爱国或救亡运动。那么，不管爱国主义的名词提出不提出，民族主义发展的现阶段表现为爱国主义却是事实。因为现在的任务不只是泛泛地要解放民族，而且是迫切地具体地要从救国救亡的过程中来达到民族解放了。

在这样的事实基础上来谈爱国主义，很明白的不会是第一次大战时的社会爱国主义。社会爱国主义的目的是侵略，中国的爱国主义是要救亡。社会爱国主义的目的是要把劳苦人民骗到战场上去替金融寡头送命，而中国的爱国主义是出于全民族自己的生存的要求（少数甘心卖国的人自然除外）。中国不是帝国主义国家，即使真的有社会爱国主义者转生，怕也不会发生作用吧。向社会爱国主义的风车攻击的人，未免太像吉诃德先生了。

把爱国主义指作“国粹派”或国家主义，自然也是完全抹杀事实的。它的作用是要对爱国运动和救亡运动来一个诬蔑，因为“国粹”和“国家主义”这两个名词曾被封建军阀利用，这样诬指一下，可以把爱国和救国的人也归入封建的范畴里。可惜在事实上恰恰相反，封建残遗势力常常是目前爱国运动的主要的障碍，爱国主义者在国内的工作正是民主主义和反封建。国粹派和国家主义者是要保守“国渣”，而爱国主义的中心立场只是救国，只在于保障民族的生存，不论国粹国渣，凡是有害于民族生存者，都要一脚踢倒的。

就是文化上的爱国主义，也何尝不是一样。它的目标是要使一切文化力量直接间接地都成为民族救亡的力量，而对于民族和国家的生存有危害的文化（封建文化是其中最重要的）就得要无情地加以摧毁！“保存我们，是第一义。只要问他有无保存我们的力量，不管他是否国粹。”（鲁迅《热风》）然而这却是真正的爱国主义和民族主义。

（一九三七年，载大众书店《论中国特殊性及其他》）

关于研究哲学应注意的问题

研究哲学，就和研究其他一切问题一样，需要对于我们所研究的对象，有一个正确的了解。要首先把哲学本身的一般的性质认识清楚，才能够正确地决定我们在研究时应该采取的态度和方法。

哲学，首先是关于世界全体的一般规律的学问。研究哲学的结果，是使我们对于整个世界（包括自然、社会和人类的思想认识）的规律性，获得一个总的认识和理解，简单地说，就是使我们掌握一定的世界观。

在阶级社会里，不同的阶级、党派，有不同的世界观，不同的哲学思想，无产阶级的革命战士，应该有马克思列宁主义政党的世界观，应该掌握辩证法唯物论的哲学思想。因为关于世界全体的一般的规律的最正确的认识，就包含在辩证法唯物论的思想里。

在我们的日常生活工作中，我们的思想行动是经常与一定的世界观相联系的。如果我们能够灵活地处理工作，能够依据环境条件的变化随时正确改变我们的工作方式和任务，那么即使我们没有研究过哲学，不懂得哲学上的任何名词，但在事实上我们的思想里已经有了某些辩证法世界观的因素，因为这样的行动，已经是无意识地以这样的一种思想作基础，即世界的一切事物都是要变的，因此我们的行动、工作也不能不常常有所改变。

在日常生活工作中所表现着的这种世界观，是自然发生的，不是在理论的研究中锻炼出来的，因此它的内容里常常混杂着各种不正确的因素，绝不会是完整的无产阶级革命世界观。我们不能忘记，在我们的队伍里共同斗争的成员，好些是从各种各样的社会层中走过来的。他们带来了其他社会层的生活习惯、思想意识等等的影响，带来了各种各样反辩证法唯物论的世界观的因素，带来了各种各样的思想行动上的不正确的偏向。

在革命斗争中某些成员所发生的错误，都不是偶然的，它有一定的社会基础，也有一定的非无产阶级的思想意识的根源，就哲学上来说，一定是有某种反辩证法唯物论的世界观的思想根源，即使是无意识的。在个人的日常工作中所发生的错误，也没有例外。例如说，对人宣传我们的主张的时候，不根据对方的接受程度和需要，只顾说自己的一套，结果弄得对方莫名其妙，这也就和唯心论的观点，有着密切联系，因为这是以为世界上的事情都不必依据客观的情况来解决，而只要主观的思想就可以对付一切了。

这就是说，哲学的思想，对于我们的实际斗争是有重要意义的。哲学的内容，是关于世界全体的一般规律的认识，是关于改造世界的一般规律的把握。哲学的作用，却不仅仅在于世界的认识和理解，而且在于依据这些认识和理解，去实际地具体地进行改造世界的工作。在我们研究事物的时候，在我们解决各种实际斗争的具体问题的时候，要能够给以指导。如果我们的世界观是正确的，那么在研究事物解决问题的时候，就有了正确的基本态度和基本方法，如果我们的世界观是错误的，那么我们在研究上就要走上不正确的方向，因此在实际行动中就也要发生各种不正确的偏向。

因此，倘若无产阶级的革命战士在思想上受了其他阶级的影响，倘若自己的世界观里竟混杂着反辩证法唯物论的因素，那对于他的斗争行动，就会发生各种毒害的影响，为要能够保持正确的世界观，为要能够保证对于实际问题的正确解决，为要成为充分自觉的、尽可能不犯错误的革命战士，就不能不研究哲学，就不能不经过哲学的研究有意识地锻炼我们的正确的世界观，排除一切不正确的思想因素，这就是为什么我们不能满足于日常生活工作中自然发生的世界观，而必须进行哲学的研究。

哲学的任务不仅仅在于说明世界，更重要的是在于改造世界。正是为着无产阶级的改造世界的任务，所以我们才必须研究哲学。研究哲学，目的并不在于读通几种艰难的书本，而在打通一切艰难的实际，许多人不了解这一点，以至于在研究哲学的时候发生许多困难。

有许多研究哲学的知识青年，他们从哲学书籍上学取了大堆抽象的名词和大串难解的语句，并且很熟练地能够随时使用这些名词和语句，然而一到被人问起这些名词和语句的真实意义时，不但不能够给予任何明了而确实的回答，甚至连自己也常常弄得莫名其妙，至于联系实际问题，指导实际斗争，那更是谈不到。这是哲学研究中人们所遇到的困难的一种，这困难产生的原因，固然多少是因为当前我们还没有很完全的、通俗明了而又与实际有密切联系的哲学教科书，然而好些青年有意无意地自缚于单纯的书本研究，而忽视了在实际斗争经验中去检证所研究的东西（特别因为知识青年一般地缺少斗争经验，所以事实上也有它的困难条件），这一点却是主要的原因。

有许多长久地忙于实际斗争的生活，而缺少研究理论的机会的人们，他们在开始研究哲学的时候，碰到那一堆堆生疏的名词和抽象的语句，就觉得难于接近、难于理解，于是拼命咬名词、钻句子，仍然咬不烂、钻不透，结果对于哲学的研究就失去了勇气和信心，这原因，固然也是由于现在所有的哲学书籍本身大都艰深难懂，然而更重要的，还是由于研究者不能够以自己的实际经验为基础来进行研究，不能使书本服从于自己的实际经验的研究，反而被书本的名词和句子把自己的思想束缚了。

所以，要克服我们在研究哲学中的困难，首先要明确地认识我们研究的目的：怎样才算是在研究上有了结果呢？答复是，并不仅在于读熟了书本，记熟了名词和公式，而主要地在于锻炼出解决实际问题的正确态度和方法。研究哲学的真正成绩并不仅表现在书本知识的如何渊博，而主要表现在革命实践中处理问题，是否正确。

研究哲学的目的，在我们，是为要使自己成为辩证法唯物论者，不是口头上的、名词上的，仅仅善于引用文献的辩证法唯物论者，而应该是实质上的、懂得辩证法唯物论的真精神的，在实际问题的解决中，在斗争行动中表现出来的辩证法唯物论者。真正的辩证法唯物论者，在研究事物的时候，在处理实际问题的时候，一定能够采取正确的态度和方法，因为辩证法唯物论哲学的世界观，给他这样的可能。

我们首先必须把自己锻炼成唯物论者，不是口头上善于使用名词的唯物论者，而是要在一切实际问题上，能够保持唯物论者的态度和立场。这就是说，在处理任何问题的时候，都能够虚心地从客观事实出发，而不是从主观的成见出发，都要依据具体的事实来解决问题，而不是依据教条公式来解决问题。

要成为这样的一个唯物论者，说起来似乎是容易，然而做起来却并不是那么容易的。一个人常常要经过无数的折磨和锻炼，才能够克服自己单靠主观愿望和简单教条来解决一切问题的习惯。我们很容易学会满口唯物论的名词，然而在实际行动常常忘记了要照顾客观事实的情况和要求，这种不适合事实情况的行动，结果必然要遭遇到挫折和失败。

革命斗争过程中某些人所发生的许多错误和偏向的一个主要原因，就是由于在战略策略的指导上不能真正站在唯物论的上面，就是由于不能够根据具体的客观事实来决定行动的方向和斗争的方法。

所谓要从客观的事实出发，并不等于说要依据琐屑的、偶然的事实来决定我们的行动，倘若这样，就要变成狭隘经验主义者或事务主义者。真正的唯物论者，绝不是狭隘经验主义者或事务主义者。因为后者既是把思想限制在琐屑的偶然的事件里，因此他们除了应付日常的琐事之外，就不能全面地理解革命的规律，工作的规律，因之也就不能有大的作为。然而一个革命的唯物论者，他的目的既是在于改造世界，所以他的行动就不能限于应付日常的琐事，而必须经常向前进步，理解革命的一般规律性以及自己工作的全盘规律性。对于一个革命的唯物论者，不仅要有眼前的生活的认识，和解决眼前问题的方法，而且还要知道将来怎样，和用什么方法达到将来的目的（这里又要把较远的将来和最近的将来分开）。这就是说，唯物论所需要的思想认识，是要能够给行动以指导。

因此，唯物论者所要依据的，就不是琐屑的偶然日常事实，而必须是客观事物的发展规律的全面认识。因为只有认识客观事物的发展规律，我们才能够领导全盘工作并展望将来的前途，才能够指示行动的目标，才能够知道要依据什么样的路线走向我们的目的。

要成为一个真正彻底的唯物论者，那么，就要学习在决定一切问题的时候，不仅是从简单的事实出发，而必须从事实发展的各方面的规律出发。这就是说，要学习从自己工作环境的一切日常事实里，找出它的发展规律，依据这些规律来决定我们行动斗争的方法。

马克思列宁主义，给予我们以原则的指导和具体解决问题的范例。我们从马列主义的理论书籍里可以学习到社会发展的规律和革命规律的知识。但倘若我们仅仅以此为满足，并把它简单地直接应用于中国革命的指导，而不看到中国社会的任何具体条件，那么这是离开了客观事物来解决问题，这不是辩证法唯物论，这不是马列主义，而是公式主义，是唯心论的一个种类。

有各种规律，有一般的和特殊的。我们从一般的马克思主义理论的书中，可以学习社会发展和革命发展的一般规律的知与具体解决革命实践问题的模范，这种一般规律知识，它本身原也正是从社会历史发展的事实中概括出来的，所以也正是客观真理的认识。这些规律，对于我们的行动指导上，是非常有用的，而且也是绝对必要的。它指示我们社会发展的总的方向，对于我们的行动，给予一般的指导原则。然而仅仅只有这些原则，并不能成为真正的马克思主义者或唯物论者。因为要做一个唯物论者，就必须注意到，每一个具体的社会和具体的工作环境，又有它特殊的规律，必须要能够发现这些具体环境中的特殊的规律，必须要能了解特殊的规律与一般的规律的联系，必须要在应用一般的原则的时候，依据特殊的规律来加以补充，加以具体化，才能够对于革命的斗争行动给予正确的指导，必须学习马恩列斯与毛泽东同志如何从具体事物中引申出一般规律，以及如何把一般规律具体运用的模范。

例如说，抗日民族统一战线是我们在抗战中的整个方针，然而在各种环境的各种具体条件下，其运用有所不同，根据具体条件，一个时期，强调团结，但不忽视斗争，另一时期，强调斗争，经过各种斗争去争取与坚持团结，不了解这一点，就不能正确地进行统一战线的工作。

如果是唯物论者，而不是公式主义者，那就要从自己的工作环境的具体事实的基础上，找出特殊的规律，使统一战线的原则应用能够具体化。

这样，要成为一个真正的唯物论者，又必须同时要做一个辩证法者。这就是说，在研究客观事物的规律的时候，必须能够使用辩证法的方法。这就是说，不要把事物的发展规律孤立起来研究，不要把原则看作僵化的孤立的东西。一般的规律总是在特殊的情况下表现的，原则是要具体地灵活地应用的，公式主义，就是把原则僵化，把它看作孤立的东西，这是唯心论，也是形而上学。

这就是说，要达到研究哲学的目的，要做一个辩证法唯物论者，概括来说，就是要能够在研究实际问题的时候，在革命的行动中，能够努力表现出这样的一些事实：第一，一切要从具体的客观事实出发，第二，要能够善于找出客观事实发展的规律，第三，要能够善于使一般的规律与特殊的规律联系起来，善于把一般的指导原则具体化起来。

这就足以明白，研究哲学的目的，并不仅在于熟读书本和熟记哲学的名词和公式，而更在于解决实际问题的时候，能保持正确的态度和方法。这样的能力，也不是简单地读了几本哲学书就可以充分获得的，这必须要经过一些实际生活的锻炼。要成为一个真正的辩证唯物论者，是没有什么捷径的。不要存这样的幻想，以为只要有人指出几本正确的书，读了之后，就能够完全掌握辩证法唯物论的世界观了。因为我们的目的，不仅要在口头上善于说明辩证法唯物论，而且更是要在实际斗争中贯彻辩证法唯物论的真精神。

这并不是说在研究哲学的时候不应该读书，恰恰相反，读书，读马列主义的经典著作，是完全必要的，因为真正深刻的读书研究，不仅能帮助我们很快地理解辩证法唯物论的一般的原理，而且能够使我们理解如何具体运用一般规律的方法（这点，好些青年在读书中往往容易忘记），然而，这还不是研究哲学的全部工作。如果说到要能够熟练地应用辩证法唯物论的原理，那么单只读书还是不够的，这上面还需要把理论与革命实践密切联系起来。

知识青年们一般容易以书本的知识为满足。如果他们已经获得了相当的书本的哲学知识，那么，对于他们重要的是多思考一些实际问题，当他们研究实际问题的时候，可以采取这样的办法：首先把书本上的名词暂时撇开，完全去从客观事实中找出它的规律来，然后再把书本的原则拿来对照，看自己处理问题时，是否具体运用了原则，是否能正确解决问题。这是对于知识青年所必要的锻炼方法。

有些忙于实际工作的同志，对于书本的研究，不容易产生信心。对于他们，重要的是在于克服这种畏难的心理，努力从书本中间，吸取辩证法唯物论哲学的基本原理知识，并根据自己的实际经验来深刻理解书本中的原理，而不要为生疏的名词和抽象的语句所迷惑，在咬文嚼字的圈子里打转。这对于有实际工作经验的同志在开始研究哲学时，是必须注意到的。

这些就是在哲学研究中我现在所感觉到的几个问题。

（一九四一年四月三十日延安《解放》杂志第一二七期）

哲学要为实际工作服务

去年在莫斯科召开的社会主义国家共产党和工人党代表会议的宣言里曾指出："在实际工作中运用辩证唯物论，用马克思列宁主义教育干部和广大群众，是共产党和工人党的迫切任务之一。"这里讲的虽然是共产党和工人党的任务，但是我想这也应该是我们哲学工作者的最根本的任务。我们从事哲学研究工作的人，无论他们的具体分工是在哪一部门，无论他们是研究辩证唯物论本身还是研究哲学史、逻辑学等，都应该把"在实际工作中运用辩证唯物论"这个"迫切问题"的解决当作自己一切研究工作的终极目标，把这个目标作为我们向前跃进的灯塔。哲学研究工作要“厚今薄古”。在“厚今”方面，就是特别要“厚”当前社会各方面的实际工作这个“今”，“厚”社会主义革命和社会主义建设这个“今”。

马克思在《黑格尔法哲学批判序言》里，曾提到哲学应该是无产阶级的精神武器，提到理论掌握群众的问题。马克思恩格斯创立辩证唯物论哲学不是为着任何其他目的，而只是为着正确解决无产阶级革命斗争中各种实际问题。社会主义国家共产党和工人党代表会议宣言指出：“一个马克思主义的政党如果不用辩证法和唯物论的观点去观察问题，就会产生片面性和主观主义，就会使思想僵化和脱离实际，不善于对事物作恰当的分析，就会犯修正主义或者教条主义的错误。”这是马克思恩格斯以来一百多年无产阶级革命斗争经验的总结。无产阶级和它的党，需要在自己的实际工作中应用辩证唯物论，在社会主义革命和技术革命过程中轰轰烈烈地不断地向前跃进着的广大人民，需要在自己的实际斗争中应用辩证唯物论。从事哲学研究工作的人，如果不能帮助无产阶级和它的党满足这个迫切需要、不能帮助广大人民满足这个迫切需要，那么他们就会严重地失职，因为他们使自己的研究脱离了实际工作，使自己的研究成为完全没有意义的活动。从目前我国正在进行的“双反”运动的观点来说，这就是最大的浪费，包括人在精神上的浪费和出版界在物质上的浪费。

只有把哲学研究经常指向实际工作的需要这一目标，这样的研究工作才有真正的生命，才能使辩证唯物论哲学得到生动的解释和发挥。辩证唯物论哲学本身的发展，从来都是在它的实际应用过程中获得的。列宁的《唯物论与经验批判论》把马克思主义哲学推到一个新阶段，就因为这部著作解决了俄国无产阶级革命斗争中反对修正主义（它的哲学基础是主观唯心主义）这一个当时迫切的实际问题。毛泽东同志的《关于正确处理人民内部矛盾的问题》，应用唯物辩证法来分析和总结几十年来无产阶级社会主义革命和社会主义建设的经验，正确解决了由于人民内部矛盾和敌我矛盾所产生的一系列极其复杂的实际问题，这就在哲学方面使马克思主义的唯物辩证法特别是它的核心——对立统一规律得到了新的发挥。

特别应该提到的是，在我们中国，在中共中央和毛泽东同志的正确领导之下，各地从事实际工作的干部中，已出现了很多这样的人，他们不但有很多实际工作经验，而且也能够很好地应用辩证唯物论到自己的工作中去，因此他们就能够和广大工农群众一起，共同在工作中创造出卓越的成绩来。目前中国工农业以及各方面工作所表现的突飞猛进的形势，不但说明中央领导的正确，也说明我们已经有很多干部能够在工作中掌握正确的工作方法和思想方法。我们只要仔细研究一下报纸上已发表过的一些地方工作的总结，如湖北省委会关于光化县和均县兴修水利的报告，湖北省委关于各级干部种试验田的报告，天津地委书记赵克同志关于改造洼地的报告，等等，就不难看出，这些报告正是辩证唯物论哲学原理和实际工作互相结合的生动范例。我们可以看到，这里有许多哲学的“外行”，他们在实际工作中掌握马克思主义哲学的能力，比起那长期地只是在书房里做研究工作的“专家”“内行”来，不知要强过多少倍。

这样的情形说明，我们专门从事哲学研究工作的人必须尽最大的努力向前跃进，才能担负起自己的工作任务。哲学研究工作者的总的任务，应该是帮助实际工作中的干部更好地应用辩证唯物论，是在广大人民中宣传马克思主义的世界观。但是，在目前，我们许多从事马克思主义哲学的研究和教学工作的人们，首先还要向那些在实际工作中的干部学习，要在广大人民的轰轰烈烈的斗争中去学习，然后才有可能对上述的任务作出真正有益的贡献。

研究哲学史的人是否也应该注意在实际工作中应用辩证唯物论的问题呢？答复是完全肯定的。研究哲学史的目的，并不是要使我们的思想沉没在过去的时代，而只是为着要从过去的哲学思想斗争中、从过去唯物论和唯心论的长期的历史斗争中吸取某些经验教训，以便帮助我们在今天更好地掌握辩证唯物论和更善于和唯心论进行斗争。不能让过去拖住现在，而应该让过去为现在服务。因此，研究哲学史的人，也仍然要注意和研究在实际工作中应用辩证唯物论的问题。并且，也只有经常注意和研究这个“今”的问题，对于哲学史的许多“古”的问题才容易获得正确的理解。举例来说，我们有些哲学家不肯承认哲学史是唯物论和唯心论两大敌对党派斗争的历史，他们硬要说唯物论和唯心论的关系是兄弟、朋友和师生的关系。如果他们认真研究一下中国最近几十年来革命的实际斗争中间唯物论和唯心论的思想方法和思想作风曾进行过如何激烈的斗争，那么他们那一套观点就根本拿不出来了。在实际工作中的唯心论——主观主义，曾经在我们革命的历史上造成非常大的损失。为了克服主观主义，把唯物论的观点应用到革命的实际工作中，中国共产党和中国人民是曾经付出了很多人的生命作为代价的。所以，唯心论——主观主义“是共产党的大敌，是工人阶级的大敌，是人民的大敌，是民族的大敌”，这是毛泽东同志的结论。马克思有这样的话：“人体解剖对于猴体解剖是一把钥匙，在下等动物身上所透露的高等动物的征象，反而只有在已经认识了高等动物之后才能理解。”要正确地理解过去哲学史上的斗争经验，就必须认真研究今天的哲学思想斗争，特别是研究实际工作中唯物主义和唯心主义的斗争、辩证法和形而上学的斗争。

关于逻辑研究工作的问题，我以为，逻辑的研究也必须注意到和实际工作的联系。毛泽东同志的《实践论》曾论到概念、判断和推理在人们的实践过程中形成的过程。目前，逻辑的研究工作中有一种离开实践过程专门研究纯粹的逻辑形式的倾向，这是必须克服的唯心主义路线。中国人民需要我们的逻辑学家能够帮助解决这样的问题：如何对我们的实际工作中所提出的问题作出明确的概念、判断和推理等。我认为，解决这样的问题，是逻辑研究工作跃进的关键。

根据以上的理由，可以肯定，我们从事哲学研究工作的人，应该毫无例外地把“在实际工作中应用辩证唯物论”这个问题的解决，当作我们努力的总的方向。为要能够沿着这个正确的方向向前跃进，我们必须注意哪些问题呢？

首先是，正如前面已经说过的，要向从事实际工作的干部学习，要在广大人民群众的斗争中学习。在这一方面，每天报纸上的许多重要的报告和新闻，给我们提供了丰富的间接的学习材料，值得我们经常地认真研究。除此而外，我们还应该争取和从事实际工作的同志们建立联系，直接从他们中间取得帮助。只有首先向从事实际工作的同志们学习，然后才有可能对于所学到的东西进行理论上的加工，在哲学上提出某些有益的意见，反过来对实际工作中的同志们给予帮助。

要学游泳必须下水。哲学研究工作者应该在自己规划中，争取安排一定的时间去直接接触实际，并且对其中所提出的问题进行具体的研究，这样才能真正锻炼在实际工作中应用辩证唯物论的本领。

特别应该提到的是，要认真地研究党的各方面的政策，认真地研究毛泽东同志的著作。我们的哲学研究工作者在这一方面的学习是不是注意得很够了呢？绝不能说是已经很够了。并且，在有些人中间甚至有忽视这方面的学习的严重情形。党的政策和毛泽东同志的著作是马克思主义的普遍真理和中国革命的具体实践相互结合的体现，是辩证唯物论在中国各方面实际工作中应用的卓越范例，哲学研究工作者有责任加以深刻的学习研究，并在人民群众中进行宣传。忽视这个任务的情形是不能容忍的。

（一九五八年四月十一日《人民日报》）

关于哲学教科书的一些问题[1]

一　教科书的编写原则

编写哲学教科书的原则，大体说来，有如下几点：

第一，我们编写教科书的目的，是为了给学习哲学的同志讲解一些马克思列宁主义哲学的基本知识，不是要写一本学术讨论的著作。我们力求它的内容具有相当的稳定性，希望能在稍长的

[1]　本文原系艾思奇同志在中国人民大学哲学系的一次演讲，后经摘要，于1962年10月发表在《教学与研究》。

时期内，不必作很大的根本性的修改。本书[1]在解释哲学原理和原则时，着重系统说明经典著作中已经有了定论的，或是在理论界经过讨论，大体已经取得一致意见的问题，尽量避免一些在学术界还有争论或争论还没有完结的问题写进教科书中。例如生产力发展的动力是在内部还是在外部，生产力内部有没有发展动力，这类问题，我们就没有写，又如思维与存在有没有同一性问题，在某些方面虽然已有了结论，但争论还没有完结，这类问题，我们也没有写进教科书中。

在联系实际问题的时候，联系到中国革命和社会主义建设，我们着重从哲学上概括一些比较重大的经验。民主革命中许多经验是经过总结了的，我们都联系了。我们根据毛泽东同志著作和党的历史，联系了民主革命的一些重大问题。但对许多具体的并且正在试验的措施，我们就避免去论述它，因为它本身是否成熟，还没有最后的结论。前两年我们喜欢把一些眼前正在试验的措施写进教科书中去，过半年、一年就要作很大的修改。这就不能保证教科书的稳定性。我们这次就没有这样做。讨论学术问题的著作，作者可以按照自己的思想去写，要写什么就写什么，要联系什么问题也可以比较随便，教科书则不能这样做。

第二，力求比较准确、简练地阐明马克思列宁主义哲学

[1] 指《辩证唯物主义　历史唯物主义》一书，艾思奇同志主编。

的一般原理，同时又在阐明马克思列宁主义的一般原理的基础上，说明毛泽东同志对马克思列宁主义哲学的发展。把阐明马克思列宁主义的一般哲学原理和说明毛泽东同志对马克思列宁主义哲学的发展，两方面结合起来。我们的中心任务是结合中国革命和中国社会主义建设的实践来阐明马克思列宁主义哲学的发展。毛泽东思想就是马克思列宁主义，就是马克思列宁主义与中国革命实践的结合。毛泽东哲学思想就是马克思列宁主义哲学思想。如果我们不熟悉马克思列宁主义的一般原理，就不可能了解毛泽东同志对马克思列宁主义有什么发展。因此，我们要反对两种偏向：一种是，只注重谈马克思列宁主义哲学的一般原理，而忽视毛泽东同志对马克思列宁主义哲学的贡献。过去这种偏向是有的，我们要反对和防止。另一种是，脱离马克思列宁主义哲学的一般原理，或对马克思列宁主义的一般原理还没有搞清楚，就任意用贴标签的方式，空谈毛泽东同志对它的发展。这种偏向前几年也是有的，我们也要反对。强调毛泽东同志对马克思列宁主义哲学的发展，强调研究问题要以毛泽东思想为指导，这个方向是要坚持的。但是，如果不注意毛泽东思想本身是马克思列宁主义普遍真理与中国革命的具体实践的结合，马克思列宁主义哲学的一般原理还没有搞清楚，就想了解毛泽东同志对它的发展，这是不对的。以为只要贴上一个标签，就什么问题都解决了，这种方法是错误的。

第三，教科书应该适应它的对象。我们考虑到，教科书既应适应教师的需要，也应适应学生的需要，要根据教师和学生的需要来写。学术著作可以不考虑这个问题，作者想要怎样写就怎样写。我们这本书，主要是一般高等学校文科学生用的哲学教科书。教学时数有一定的限制，教科书的分量不能太大，哲学的基本原理又都必须讲得全面些，因此，内容的阐述就应力求简明扼要；联系实际力求避免用很多的、繁杂的例子，只要能够说明问题就够了。这样做的目的，一方面是为了保证教科书的分量适当，使学生有学完的可能；另一方面也可以使教师在讲授时有发挥的余地，使学生有独立思考的余地。由于原理原则讲得比较扼要，因此一部分学生理解它会有一定的困难。有困难是免不了的。这些困难可以由教师来帮助解决。书中联系实际的例子不多，教师在讲授时可以补充一些。书中没有举目前正在试验的事情作例子，教师讲课时如果认为适当的也可以举。教师可以斟酌情形把问题讲具体一些，解释原理时可以更详细一点儿，引用例子可以更多一点儿。

第四，贯彻学术上百家争鸣的原则。为什么教科书尽量避免直接涉及理论界有争论的问题，或争论尚未完结的问题？这并不是说我们反对教师和学生在课堂上提出这些问题和讨论这些问题。相反地，我们这样做正是为了便于教师和学生能在课堂上自由地提出和讨论这些问题。教科书里不写学术界争论中的问题，对学术界争论中的问题不作论断，是为了不让教师和学生有先入之见，在课堂上敢于自由讨论，保持活跃的学术空气。有的同志说，教科书里对学术界争论的问题不作论断是个缺点。我们是有意识地这样做的，让教师来启发同学的思想，活跃学术空气，根据课堂情况、学术界的情况，适当引导学生提出一些讨论中的问题，研究学术界争论的问题。

教科书尽量避免涉及争论的问题，并不是绝对不涉及这些问题，有些地方，有些问题也不能不涉及，否则，书就没有办法写下去。如绪论中的哲学史部分，谈到老子哲学问题，关于老子哲学的性质，正是目前学术界争论中的问题。由于老子在中国哲学史上占有重要的地位，这个问题必须谈，否则中国哲学史就无法写。我们谈了这个问题，并表示了我们自己的意见。又如对部分质变如何理解的问题，上海和北京有不同的意见。生产力究竟是三要素还是两要素，苏联有不同的意见，他们的哲学教科书和政治经济学教科书的提法就不同，各写各的；对这个问题，中国也有不同的意见。这一类问题，虽然理论界的讨论还没有结论，我们仍然写了。要写就要有论断。我们下论断时是采取编写组大多数同志认为妥当的意见。如关于老子哲学性质的问题，大多数同志的意见认为是唯心主义的，我们在教科书里就把它说成是唯心主义的：同时在附注上指出，这个问题还有反对意见。这样可以使教师和学生的思想不受限制。教师可以不同意教科书的意见，可以提出他的根据和理由，说老子是唯物主义的。学生也可以不同意老师的意见。还在争论的学术问题，不能写出最后的意见限制大家的思想。也有些问题，我们写了自己的意见，但没有加附注，因为觉得没有必要。我想声明一句，只要不是在经典著作中可以找出根据的定论，不论在教科书里有没有附注，都可以有不同的意见，都可以讨论。在经典著作中有了定论的问题，我们不赞成有反对意见。当然，如果有人不同意经

典著作中的定论，要提出讨论，也不能完全禁止。因为马克思列宁主义是不怕有人提出反对意见的。有反对的意见，经过反复讨论，会更进一步证明它的正确性，也才能使人更深刻地了解它的正确性。

二　怎样使用哲学教科书

首先，这本书是供一般文科同学使用的，哲学专业使用时会嫌内容少一些，理工农医科专业使用时会嫌多一些。现在还没有写出一本分量较大的、为哲学专业用的教材，因此，哲学专业也有采用这本教科书的，在使用时就需要教员依据情况补充一些内容。理工农医科专业用这本书时又需要教师进行适当

的挑选和辅导，有些内容可以少讲一点儿，如像绪论哲学史部分，可以适当省略。这样，在使用教科书时，就要求教师表现自己的创造性，适应不同的对象，更好地发挥教科书的作用。

其次，在我们对辩证唯物主义哲学进行教学时，要努力做到掌握理论联系实际的原则。联系实际有各种各样的方法，但它的总原则是要用理论原则作为方法指导，来解决一定的实际问题。有一种方法叫作原则加例子的方法，这就是在讲述某一理论原则的时候，挑选一些自然界或社会的现象来作为证明。为了通俗地说明问题，可以采用这种方法。恩格斯在《反杜林论》里部分地曾用过这样的方法，但仅仅采用这样的方法，是不够的。严格地说，这种方法还不能算是真正把理论和实际联系起来。真正要做到理论联系实际，需要采用更高的方法。最高的方法，是运用马克思主义普遍真理，对革命工作和科学研究中的实际问题进行分析，作出结论，提出指导工作和斗争的方针、计划、方法，以此来推动工作和斗争取得胜利。这个最高的方法，我们一般哲学教师是不可能马上做到的，但应该把这作为长期努力的方向。还有一种方法是根据辩证唯物主义原理来批评某种错误思想，这是比原则加例子高一些的方法，其所以高一些，是因为在批评一种错误思想的时候，就树立起了思想的对立面，并通过批评斗争来解决一个矛盾。而解决矛盾，就是解决问题，在研究理论的时候解决了一定的问题，就算是达到了联系实际的目的。原则加例子之所以不能算是真正联系实际，就是因为它不解决什么问题。应用这样的方法来讲课，就需要教师们自己善于找到某种违背理论原则的错误思想来作为批判的对象，这种对象可以在学校范围内存在的活的思想中找到。联系活的思想来学习理论，可以收到很大效果。但应用这样的方法时要十分谨慎，要实事求是地进行分析。如果不采取谨慎态度，把人们所说的话不加分析地随便戴上错误思想的帽子，那就不但得不到好的教学效果，而且会适得其反。挑选思想批判的对象，不能只限于学校范围，国际上的帝国主义思想和修正主义思想，国内的革命历史上和社会主义建设中所发现的各种错误思想，都可以联系到哲学上来加以解决。自然科学的某些错误理论观点，也可以作为批判对象。教科书本身也批判了一些这类的错误思想，教师们不妨就这些加以适当的引申，也可以自己独立地另外找一些批判材料。还有一种比较更高一些的方法，这就是用辩证唯物主义的观点和方法去对我们周围的许多工作和斗争的经验加以概括和说明。从事哲学教学的人应该努力学会应用这样的方法，前一种方法，也只有在这一种方法应用得好的时候才能做得好。这个方法要应用得好是不容易的，但努力去做是可以逐步学会的。例如这几年人民公社发展的经验，我们就可以从辩证唯物主义认识论上加以概括和说明，人民公社几年来如何逐步完善起来，这个逐步完善的过程，和我们对于人民公社的认识的逐步发展过程密切联系着。这个认识过程也是主观和客观的矛盾不断地暴露和一步步得到解决的过程，在这个过程中，由于主客观的矛盾，我们的认识发生各种各样的错误，但掌握了辩证唯物主义的理论武器的党中央领导，能够不断地及时发现和及时纠正错误，使主客观之间的矛盾逐步得到解决，使我们对人民公社的认识日益深刻，日益全面，日益完善起来。像这样，就可以用马克思主义的认识论原理，对人民公社的经验作出一些概括和说明，由此也可以帮助我们对辩证唯物主义认识论原理获得较为深刻的说明。这就是一种联系实际的方法，是比仅仅批评某一种错误思想要高一些的方法，而这个方法也同时可以包括批评错误思想的方法在内。这个方法之所以比较高，就是因为它要我们应用理论来分析问题，说明问题，来概括和总结实践经验。讲授辩证唯物主义时应努力联系实际，要避免太多地纠缠在纯粹概念和原理的争论上面。有许多人喜欢讨论"矛盾的同一性和斗争性之间是否对立统一关系"这类的问题。这些问题谈来谈去最后就陷于纯粹是概念上的纠缠，很难从这样的讨论里来说明和解决什么实际问题。所以这样的问题虽然在学生提出来时可以多少谈一谈，但绝不要扯得过多。总之，搞哲学的同志要多注意联系实际问题，要对实际问题提出自己哲学上的说明和看法。如果长久不敢这样做，我们哲学工作就会停滞起来不能前进。

在联系实际时我们的教师同志可以比教科书中联系的问题更具体些，可对当前国际、国内的一些实际问题作出哲学上的说明，例如今年开了全国人民代表大会，会上有一个公报，公报中提出了并说明了许多国际国内的重大问题，这些问题教科书中没有联系到，因为教科书是去年写的。但教师们在教学时不仅可以，而且应该联系当前国际国内的重大问题，不仅可以而且应该对这些问题作出哲学上的说明。公报中讲到几年来有很大的成绩，但也有很多困难，而成绩是主要的。这些问题在讲辩证法时就可以作哲学上的说明：事物都有正反两面，人的认识却难免有片面性，只看到问题的一方面，而不注意相反的方面。如果对国内问题只看到缺点的一面，就不能理解成绩为什么是主要的这一点。在这样一个全国性的人民代表大会上，既然根据大量事实，充分理由，得出了一致同意的成绩是主要的这个结论，我们在讲辩证法时就有责任给予哲学上的论证和说明，只有这样，才能使同学们认识更深刻，对我国的社会主义建设更有信心。从世界观上来打好认识的基础。要解决这样的问题，就需要我们哲学教师们做一些创造性的研究工作。理工农医科专业的哲学教师还可以就自然科学的问题来作些解释。我们的哲学教科书中也谈了一些自然科学的问题，但我们编写这本书的同志，都不是专门搞自然科学的，因此举的那些例子都很简单。理工农医科专业的哲学教师同志们就可以更多地对自然科学上的理论问题作哲学上的说明。如像在生物学领域中米丘林派和摩尔根派的争论，有一个时期米丘林派曾把自己说成是唯一的唯物主义的生物学派，而摩尔根派则是唯心主义的。这样的说法如何不对？我们要从哲学上来加以论证，在理工农医科专业从事哲学教学的同志，应该努力来解决这类的问题。总之，联系实际可以联系社会政治问题，也可以联系自然科学问题。

联系实际要注意避免对具体问题不加分析，任意抓住一点，贴上标签。有些哲学工作者曾经有过这种缺点，如对实际问题不是经过实事求是的调查研究，然后作出结论，而是随便贴上个标签，戴上各种各样的帽子。这是简单化庸俗化的做法，完全与联系实际的正确方法背道而驰。辩证唯物主义是研究问题的指南针，而不是标签，辩证唯物主义的方法首先要求实事求是，调查研究，要求用辩证法对事物的正面、反面作周密的分析研究，然后才作结论。攻其一点，尽量夸大，不计其余，根本不是辩证唯物主义的方法。

联系思想是联系实际不可少的一个方面。这在上面已提到一下，现在再说一说。初学哲学的人一定要联系自己的思想，学习才能深入。如我们讲什么是唯物主义以及唯物主义的特点时，就可以联系到在自然科学研究中我们曾经有过的一种思想，这就是把摩尔根学派的研究成果，不分青红皂白，当作唯心主义来看待。这样的思想就值得在学习唯物主义的时候重新认真地来检查一下，只有在这样的具体问题上联系自己的思想，把正确的观点加以肯定，错误的观点加以修正，才能帮助我们对于什么是唯物主义的问题获得深刻理解。联系思想和联系周围实际是分不开的，要对周围实际问题进行分析然后才能肯定我们的哪些思想认识是正确的，哪种思想是错误的。这样才能达到联系周围实际、联系思想，解决问题加深认识的目的。

讲授辩证唯物主义一定要批判对立面，要和唯心主义、主观主义做斗争。批判主观主义并不是随便乱贴标签，乱戴帽子，而是进行认真分析，认清了确有主观主义，然后再加以批判。在这里还要区别个别问题认识上一时的主观性、片面性，和坚持主观片面认识一直发展到系统程度的主观主义，两者是不同的。个别问题认识上一时的主观性、片面性是任何人在认识过程中不可免的情形，只要能够在认识过程中比较及时地克服，就不是主观主义。如果把这也当作主观主义来进行批判那是不对的。唯心主义和主观主义的批判对象，可以在我们现有的活的思想中找到，也可以在资产阶级、修正主义的理论中找到，也可以在过去历史中找到。联系实际主要是联系现状，但联系历史也是一种联系的方法。不管是联系现状还是联系历史，都要作详细的调查研究，然后实事求是地作出结论。总之，学习哲学要在批判错误的斗争中学，因为真理总是在和错误相比较相斗争中发展的，讲真理也只有在和错误斗争中对比中才能讲得深入。讲辩证唯物主义应该树立对立面——唯心主义、主观主义和形而上学等。

主观主义有两种：教条主义和经验主义。有的同志提出这样的问题：大学生中可能没有经验主义，教科书中把经验主义和教条主义并列，不一定恰当，经验主义可以不强调。这个问题我是这样看的：学生中是否有经验主义当然可以研究，但是我们的哲学教科书讲原理要全面，主观主义既然有两种，就需要全面讲到。并且，认为大学生中只有教条主义没有经验主义也不见得对，学生很可能没有系统的经验主义，但经验主义性质的思想是否就完全没有呢？他们如果不自觉地掌握辩证唯物主义的认识论，那么会不会产生教条主义或经验主义的错误呢？肯定说这个可能性是存在的。就拿大学生下乡劳动来说，有的人得到一点儿劳动经验，局部地区的经验，就自以为有普遍意义，这是一种情况。另一种情况是在实验室中做实验，有了一点儿经验，而看不到这点儿经验的局限性。这都是经验主义性质的东西。并且，中国的知识分子中实用主义的坏影响还没有完全肃清，实用主义就是一种经验主义，因此不能说在学生中批判经验主义没有现实意义。我们讲经验主义常常是指工作中的经验主义，这种经验主义和实用主义有所不同，但就其实质来说，工作中的经验主义和实用主义、马赫主义也有某些基本的共同点。因此，我们在教科书中和在大学中批判经验主义绝不是完全无的放矢的。还有一个问题，教科书中论到主观主义时，不是把修正主义和教条主义并列而把经验主义和教条主义并列，这是不是不强调反修正主义呢？当然不是，我们的教科书是把反对修正主义思想作为一个主要的批判方面的。但修正主义不只是思想方法的问题，而且是和马克思主义敌对的政治立场、政治观点体系，而经验主义和教条主义则是思想方法问题。第一章绪论中第四节谈到经验主义、教条主义时就是从方法论上讲的，所以，在这里只把经验主义和教条主义并列，并不就等于不强调反修正主义。修正主义在思想方法上可以是经验主义的，也可以是教条主义的。但就主要的情形来说，修正主义的思想方法基础是主观唯心主义和经验主义。我们有时也把教条主义和修正主义并列，这里的教条主义就不单纯是思想方法的问题了。修正主义是根本背叛马克思主义，教条主义是不懂得马克思主义的普遍真理应该和具体实际情况相结合。教条主义也脱离了马克思主义，我们也是要反对的。我们在第一章绪论中讲的是思想方法问题，所以没有把教条主义和修正主义并列。在教科书中我们是把反对帝国主义和修正主义作为政治上主要的反对方向的。修正主义的方法不仅包含经验主义和主观唯心主义，而且也包含诡辩论，诡辩就是主观随意地歪曲应用辩证法的对立面相互转化原理，如说资本主义社会可以不经过革命转化为社会主义社会，就是一例。辩证法谈转化，总是有条件的，因此辩证法认为，资本主义一定要经过革命才能转化为社会主义。而诡辩论在说对立面的互相转化时取消了不可少的一个客观条件，由此做出荒谬的结论，说现代资本主义可以直接转化为社会主义，资产阶级的议会可以变成为劳动人民服务的机关，而把马克思主义讲的要粉碎旧的国家机器这一条件抹杀了。

上面谈的是如何利用这本教科书的主要问题。下面再谈一点儿零碎问题。

讲授哲学史是否需要划三个时期？有两种意见：一种是按恩格斯的说法划分三个时期，另一种意见是不划分三个时期。我们在教科书中没有明确划分三个时期，原因是中国哲学史中第二个时期、形而上学的唯物主义时期很短，只有一二十年，而古代唯物主义时期很长，有几千年时间，内容丰富，这和西方哲学史不同。因此划分三个时期和西方哲学史并列起来写有点儿不方便。但恩格斯说的三个时期是应该肯定的，哲学的发展和科学的发展、阶级斗争的发展是分不开的。中国哲学史实际上也是三个时期，只是第二个时期从康有为、梁启超时起才有点儿萌芽，到孙中山、五四运动时止，只有一二十年，时间很短，而且没有出现完整的体系。我想教师同志们在讲授时可以肯定恩格斯的三个时期这一规律。当然规律的表现可以是各种各样的，中国的表现就有它的特殊性。

关于这本书里讲到一些自然科学的问题，文科同学说看不懂，有的教师也说不懂得，怎么办？我看暂时不完全懂得，也不要紧。如关于相对论的问题，文科哲学教师很可能不懂，就是理工农医科的哲学教师如果未钻研过相对论也不会懂，我们教师同志们可以告诉同学，我们谈这些问题，只是要用现代自然科学的结论来证明辩证唯物主义的正确性。至于为什么得出这些结论，不搞这项科学专业的人是不可能完全懂的。因此我们也不必勉强去求完全弄懂，只要这些结论在科学理论上已有了定论，在实践上已经得到了证明，我们应当相信这一结论，我们的任务是只要了解这些结论的内容，并且弄清楚它在哲学上的意义就够了。

最后，在使用教科书的时候，要从学生的实际情况和水平出发来进行讲解，学生所需要解释的问题，和教师、专家所需要解释的问题不一定相同。有些问题，对于教师来说似乎已经明白，不用多解释的，对于学生来说却需要充分解释，例如物质和精神、思维和存在的问题为什么是哲学上的最根本问题，这个原则在教师和对哲学有专门研究的人是已经清楚了的，但对学生却需要从各方面反复阐明才能理解。同时，不充分了解这样的根本问题，其他哲学问题也就不可能进一步深入理解，因此，教师同志切不要以为自己了解了的问题，在同学中也不会成问题，而不作详细的阐明。教师们在进行教学时，应该首先研究同学的要求，根据他们的要求挑选某些，问题重点地详细讲解，而不要对一切问题都平均地使用力量，只有这样，才能获得较好的教学效果。

（一九六二年十月《教学与研究》第五期）

编后记

艾思奇（1910—1966年），原名李生萱，云南腾冲人，中国著名的马克思主义哲学家、教育家和革命家，中国共产党在理论战线上的忠诚战士。早年，他曾留学日本。1933年，在上海走上革命道路。1935年，加入中国共产党。1935—1936年任上海《读书杂志》编辑。1937年到延安，历任抗日军政大学延安马列学院教员、中央研究院文化思想研究室主任、中共中央文委秘书长、《解放日报》副总编辑。中华人民共和国成立后，先后担任中共中央党校哲学教研室主任、副校长，中国科学院哲学社会科学部学部委员。

他长期从事马克思主义哲学研究、宣传和教育工作，致力于把马克思主义哲学通俗化和大众化，为马克思主义哲学理论在中国的传播和发展作出了重大贡献，被人们称为“人民的哲学家”。他在宣传毛泽东哲学思想方面亦有一定成就。著有《大众哲学》《哲学与生活》《艾思奇文集》等，主编有《辩证唯物主义与历史唯物主义》等。

《哲学与生活》一书是艾思奇所著的通俗哲学著作之一，是他在上海参加《读书生活》杂志的编辑工作时，为回答读者提问所撰文章的结集，旨在通俗地宣传马克思主义哲学。毛泽东阅读此书后，曾写了19页的《艾著〈哲学与生活〉摘录》，称赞：“你的《哲学与生活》是你的著作中更深刻的书，我读了得益很多。”

此次《哲学与生活》再版，为使读者更加全面地了解艾思奇先生的哲学思想，特从其文集中选录了部分文章，并尽量将艾思奇先生的作品原汁原味地呈现给读者。

编　者